일반인을 위한
위기협상

황세웅 편저

멘토링

일반인을 위한 위기협상

개정1쇄 인쇄 · 발행일 | 2016년 06월10일

지은이 | 황세웅
펴낸이 | 금병희
펴낸곳 | 멘토링

등   록 | 319-26-60호
주   소 | 서울특별시 동작구 노량진로16길30 (2층)
전   화 | 02-825-0606
팩   스 | 02-826-3191

값 15000원

잘못된 책은 교환해 드립니다.
ISBN 978-89-97397-02-0

머리말

필자는 2004년도에 경찰청 대테러센터에 근무하면서 처음으로 FBI 위기협상 교육을 받았고, 그 이후부터 지금까지 10년째 위기협상 교육을 해 오고 있다. 시간은 어느덧 10년이라는 세월이 흘렀지만 지금도 처음 협상교육을 받았을 때의 충격과 감동이 고스란히 남아 있다.

많은 사람들이 '위기협상'이라고 하면 왠지 어렵고 거창한 것으로 생각하는 것 같다. 필자도 이 교육을 받기 전에는 위기협상이 테러범과의 협상을 하기 위한 것으로 생각했다. 물론 테러범과 협상을 할 수도 있으나 위기협상 기법이 처음 개발되게 된 것은 테러범보다는 일반 형사범, 자살기도자 등 경찰이 일상적으로 마주하게 되는 사람들에게 사용하기 위해 개발된 것이다.

그런데 우리나라는 대테러 기능에서 1986년 아시안게임, 1988년 서울올림픽 등 굵직한 국제행사를 앞두고 만약에 있을지 모르는 테러사태에 대비하기 위해 미국으로부터 협상교육을 받아들이다 보니 '대테러 협상'으로 출발하게 되었고, 아직도 대테러 기능에서 이 교육을 실시하고 있는 것이다. 앞으로는 이를 대테러보다는 생활안전이나 형사 등 대민접점 부서에서 관장하는 것이 보다 바람직할 것으로 사료된다.

그리고 더 나아가, 위기협상 교육을 경찰에서 일반인에게로 확대하는 것이 필요하다. 경찰의 위기협상 기술을 일반인이 배워서 어떻게 써먹나하고 생각하는 분들이 있을 수 있다.

그러나 필자의 경우도 업무상 협상기술을 사용하는 것보다 개인적인 생활에서 사용한 것이 훨씬 더 많다. 따라서 다른 사람들도 이 기술을 익힌다면 일상생활에서 충분히 활용할 수 있을 것이다.

삶을 살아가는 우리들은 가정, 학교, 직장 등 사회생활의 모든 영역에서 다른 사람들과 관계를 맺으며 살아가는 한은 갈등을 피하기 어렵고 이러한 갈등이 위기상황으로 발전하는 경우가 매우 많은데 협상기술의 기술을 익히고 있다면 상황이 파국으로 치닫는 것을 막을 수 있을 것이다.

우리 사회에서는 지금 가장 작은 단위인 가정에서부터 국가사회에 이르기까지 갈등과 위기가 광범위하게 존재하고 있다. 가정에서는 가족구성원들간의 관계가 붕괴하여 높은 가출율과 이혼율을 보이고 있고, 학교에서의 왕따, 괴롭힘과 폭력이 난무하고 있으며, 직장에서는 상사와 부하직원, 동료들 간의 갈등, 진상고객들과의 갈등 등이 큰 문제로 대두되고 있다.

이런 모든 문제를 한꺼번에 해결하기는 매우 어려울 것이다. 그러나 필자가 생각하기가 모든 사람들이 위기협상의 기술을 배워서 『협상가 마인드』로 살아간다면 갈등상황을 보다 평화적으로 해결할 수 있을 것이고, 평상시에 이 기술을 사용하면 사람들과의 관계가 갈등으로 치닫는 것을 사전에 예방할 수 있을 것이다.

필자는 오래 전부터 위기협상기술이 사람들을 위기상황에서 구해내서 보다 행복한 삶을 영위할 수 있게 만드는 강력한 툴이라는 신념을 가지고 경찰 조직뿐만 아니라 일반인들에게도 이 기술을 전파하기 위해 노력하고 있다. 이 책은 그런 차원에서 일반인들에게 위기협상의 정수에 대해 설명하기 위해 쓴 것이다. 아무쪼록 많은 사람들이 위기협상기술을 익혀서 삶의 위기를 극복하고 보다 행복한 삶을 누릴 수 있기를 바란다.

2014. 1. 7.
수원 연구실에서…

이 책을 읽어야 하는 이유

**다음 내용 중 당신이 어느 하나에라도 해당한다면
이 책을 읽어야 한다.**

01 직장 내에서 도저히 말이 통하지 않는 사람이 있다.

02 가족구성원 중에 대화하기 어려운 사람이 있다.

03 자녀와의 대화에 어려움을 느낀 적이 있다.

04 사람 때문에 직장을 옮기고 싶은 적이 있다.

05 내가 늘 피해자라는 생각이 든다.

06 마음에 드는 이성에게 말도 못 걸어 본 적이 있다.

07 이성과 오래 사귀지 못하고 헤어진다.

08 진상 고객 때문에 고생한 적이 있다.

09 애인과 만나면 사이좋을 때보다 싸울 때가 더 많다.

10 사람과 이야기하기보다는 스마트폰을 더 많이 들여다보고 있다.

11 부모님과의 대화에 어려움을 느낀 적이 있다.

12 가출하고 싶은 생각이 든 적이 있거나 실제 가출한 적이 있다.

13 사람들이 아무도 없는 무인도나 깊은 산속에 가서 혼자 살고 싶은 적이 있다.

* 아래의 설문을 잘 읽고 자신이 해당하는 곳에 표시를 하고 이것을 모두 합산하면 당신의 협상지수가 도출이 된다. 당신이 스스로 체크한 점수와 당신과 가까운 사람에게 부탁하여 체크한 점수를 비교해 보라! 그리고 이 책을 읽기 전에 체크한 점수와 이 책을 읽고 난 이후의 점수를 비교해 보라!

당신의 협상지수는?	1점	2점	3점	4점	5점
1. 감정 조절 능력					
1-1 나는 감정 조절능력이 뛰어나다.					
1-2 나는 다른 사람이 나에게 큰소리를 쳐도 쉽게 흥분하지않는다.					
1-3 나는 화나는 일이 있어도 쉽게 평정심을 잃지 않는다.					
1-4 나는 화가 나더라도 빨리 흥분을 가라앉히고 이성적인 상태를 유지한다.					
2. 청취 능력					
2-1 나는 다른 사람의 이야기를 잘 들어주는 편이다.					
2-2 나는 다른 사람이 이야기를 할 때 중간에 말을 자르지 않는다.					
2-3 나는 다른 사람의 이야기에 호응을 잘 해 준다.					
2-4 나는 다른 사람의 이야기에 관심이 있다.					
3. 공감 능력					
3-1 나는 다른 사람의 감정변화를 잘 파악한다.					
3-2 나는 다른 사람이 현재 어떤 감정을 느끼고 있는지 잘 알아낸다.					
3-3 나는 다른 사람이 슬픈 이야기를 하면 함께 슬퍼한다.					
3-4 나는 다른 사람과 공통분모를 잘 찾아낸다.					
4. 설득 능력					
4-1 나는 다른 사람에게 나의 주장을 잘 이해시킨다.					
4-2 나는 나의 주장을 다른 사람에게 이해시키기 위한 논리를잘 개발한다.					
4-3 나는 나와 다른 의견을 가진 사람에게도 내 주장의 정당 성을 잘 이해시킨다.					
4-4 나는 다른 사람을 설득하기 위해 지위나 힘을 이용하기 보다 논리와 감정에 호소한다.					
5. 문제해결 능력					
5-1 나는 문제에 대한 대안 발굴에 능하다.					
5-2 나는 어려운 문제에 봉착하더라도 쉽게 포기하지 않는다.					
5-3 주변 사람들이 어려운 문제가 있으면 나와 상의한다.					
5-4 나는 문제해결을 위한 다양한 자원을 가지고 있다.					

생활 속 협상 사례

- 01 생활 속 협상 사례 1 / 12
- 02 생활 속 협상 사례 2 / 14
- 03 생활 속 협상 사례 3 / 16

위기 속 협상 사례

- 01 경찰의 위기협상 사례 1 / 20
- 02 위기협상 사례 2 / 22
- 03 위기협상 사례 3 / 25
- 04 위기협상 사례 4 / 28
- 05 위기협상 사례 5 / 30

제1부 : 협상이 뭐예요?

- 01 인생은 위기 상황의 연속 / 36
- 02 하워드 가드너의 다중지능(Multiple intelligence) / 41
- 03 협상이 건진 내 인생!!! / 43
- 04 인생은 '관계'의 바다이고, 인간은 누구나 협상가이다! / 49
- 05 인간관계 스팩트럼의 끝을 경험하다! / 50
- 06 위기상황에 어떻게 대처해야 할까? / 52
- 07 Fact-Oriented(사실 주도) vs Emotion-Oriented(감정 주도) 대화방식 / 55
- 08 설상가상의 회초리(Double Whammy) / 58
- 09 인간은 합리적 존재인가? / 61
- 10 이성 vs 비이성 / 63
- 11 해결 vs 해소(Ventilation) / 66
- 12 협상의 주도권을 잡으려면 주도권을 놓아라 / 69

13	나를 내려놓고 상대의 관점에서 대화하라 / 72
14	Time is on our side!!! – 시간은 우리 편. / 75
15	'나' 내려 놓기 / 77
16	비난은 부메랑이다! / 80
17	공감 vs 동정 (Empathy vs Sympathy) / 83
18	궁극의 협상 대상자는 누구인가? / 87

제2부 : 협상스킬

01	물꼬 트기(Canalization) – 변죽을 두드려라! / 90
02	표정으로 말하라!!! / 93
03	미세표정 관찰을 통한 거짓말 탐지 / 97

인간의 7가지 감정 / 102

04	사랑의 방정식 / 104
05	궁극의 청취기술, Active Listening Skill!!! / 107
06	야, 너 말고 책임자 나오라 그래!!! / 115
07	한계 설정하기 / 120
08	넌 혼자가 아니야!!! / 122
08-1	자살에 대한 잘못된 통념 (자료 출처 : 생명의 전화) / 124
08-2	자살의 징후들 / 127
08-3	자살기도자 살려 내기 / 129

제3부 : 협상 심리

01 나를 희소하게 만들어라. / 136
02 상대방을 '빚진 상태'로 만들어라! / 139
03 용기있는 자만이 미인을 얻는다? / 142
04 헌집 줄게, 새집 다오! / 147
05 인간은 '따라쟁이' / 149
06 '완장'의 힘 / 151
07 사람들은 자기가 좋아하는 세일즈맨에게서 차를 산다. / 153
08 향단이를 데려가라... / 155
09 한발 들이밀기! / 158
10 자아팽창감을 주어라! / 161
11 칭찬의 역효과!!! / 163

제4부 : 이해 안되는 인간들과 협상하기

01 세상은 나의 무대! – 연기성 성격 장애 / 169
02 "나를 버리지 마세요" – 회피–의존성 성격 장애 / 172
03 나는 세상의 중심! – 자기애적 성격 장애 / 174
04 내 귀에 도청장치가 되어 있어요! – 편집증 / 178
05 나 혼자 숨어 산다 – 정신분열증 / 181
06 내 마음 속엔 오늘도 비가 내린다 – 우울증 / 185
07 감정의 롤러코스터 – 조울증! / 191
08 나는 규범 위에 존재한다 – 반사회적 성격장애/사이코패스 / 195
09 사우나에서 냉탕으로 – 경계선 성격 장애 / 199

일반인을 위한 위기협상

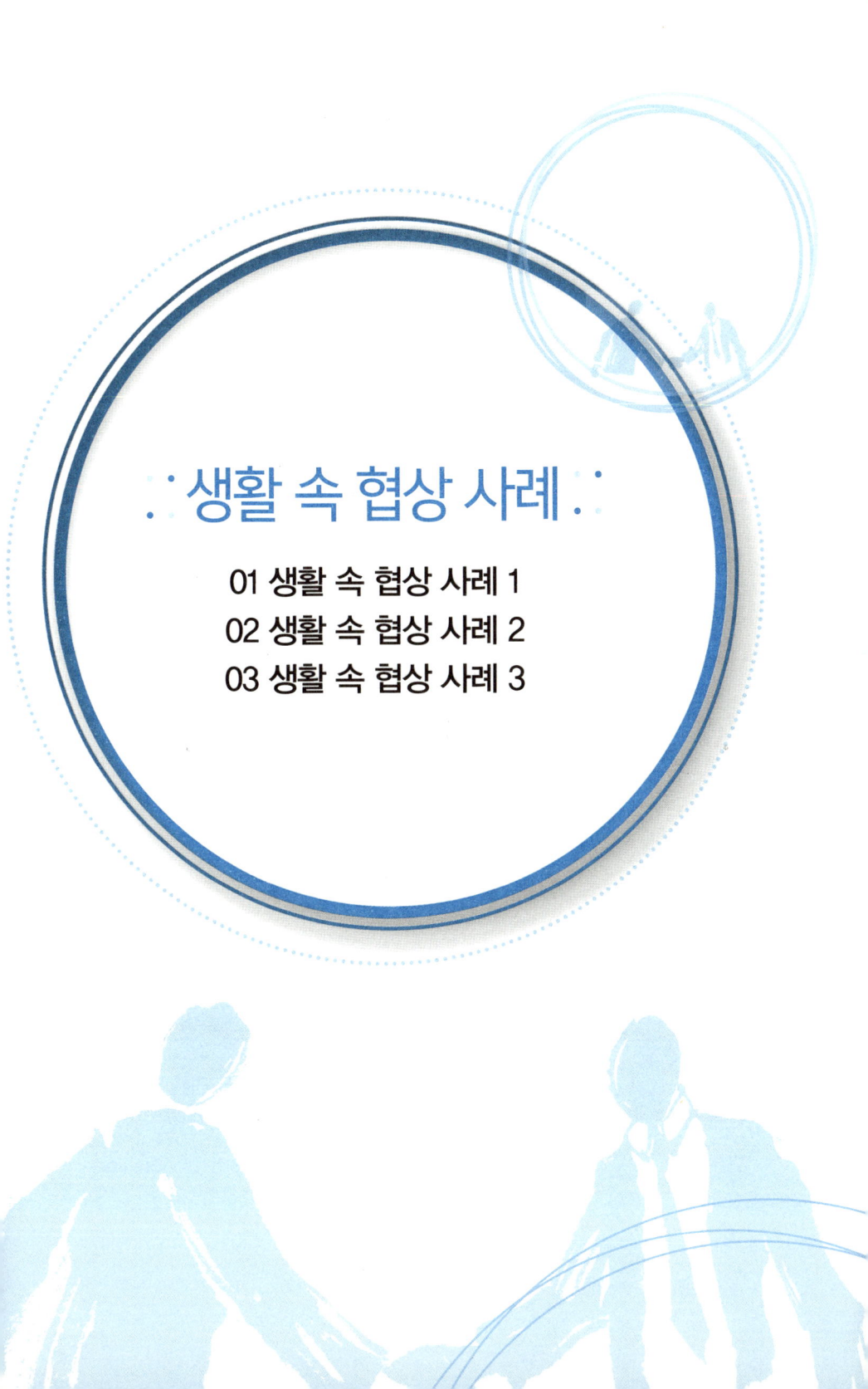

생활 속 협상 사례

01 생활 속 협상 사례 1
02 생활 속 협상 사례 2
03 생활 속 협상 사례 3

01 생활 속 협상 사례 1

민수네는 여느 집이나 다름없는 평범한 주말 오후를 보내고 있다. 민수는 거실에서 장난감을 가지고 놀고 있고 엄마는 주방에서 설거지를 하고 있다. 그런데 장난감을 가지고 놀던 민수가 짜증을 부리면서 장난감을 바닥에 내리치기 시작한다. '에이, 짜증나, 쾅! 쾅!' 이 소리를 들은 민수 엄마의 얼굴이 일그러진다. 민수 엄마가 민수에게 소리친다. '민수야! 너 그만하지 못해! 너 그러다 장난감 망가트리면 엄마한테 혼날 줄 알아!'

그러나 민수에게는 엄마의 협박이 통하지 않는다. 잠시 머뭇거리던 민수는 또 다시 장난감을 바닥에 내리친다. 엄마는 머리끝까지 화가 나서 하던 설거지를 멈추고 거실로 와서는 민수의 장난감을 거칠게 뺏어 버리고 민수의 등짝을 냅다 후려갈긴다. '앙~'하고 민수가 울음을 터뜨리고 민수의 울음소리와 엄마의 고성이 뒤섞여 집안은 아수라장이 된다.

같은 시각 옆집 성진이의 집을 들여다보자. 성진이도 장난감을 가지고 놀고 있고 엄마는 설거지를 하고 있다. 성진이가 장난감이 마음대로 되지 않자 짜증을 내면서 장난감을 들고 바닥에 내리친다. 엄마가 하던 설거지를 멈추고 다가와서 '우리 성진이가 짜증이 많이 났나보네! 장난감이 잘 안 되니?'하자 '응, 이게 로봇으로 변신을 해야 하는데 잘 돌아가지 않아!', '아 그렇구나, 누가 이렇게 장난감을 어렵게 만들었지? 우리 성진이 짜증나게 말이야…(감정상태 정의하기 Emotion

Labeling) 근데 성진아 여기를 먼저 누르고 여기를 젖히면 이렇게 돌아가네~~'하면서 장난감을 건네 주자 성진이의 얼굴에 미소가 번진다. 엄마도 성진이의 눈을 바라보며 사랑스러운 표정으로 웃어 주고는(비언어 메시지 Nonverbal Message) '우리 아들, 잘 놀고 있어!~~'하면서 엉덩이를 두드려 주고(접촉 Contact) 주방으로 돌아간다.

02 생활 속 협상 사례 2

토요일 오후. 남편과 집에서 TV를 보면서 한가한 시간을 보내던 여진씨는 남편이 출출하다고 하자 감자를 쪄서 내어온다. 여진씨는 감자를 찍어 먹도록 소금을 함께 내어 놓는다. 그러자 여진씨 남편이 대뜸 '아니, 소금을 왜 가져왔어? 감자는 설탕에 찍어 먹는거 아니야?' 한다. 여진씨는 '감자를 누가 설탕에 찍어 먹어? 너무 달달하게! 소금에 찍어 먹어야 맛있지!'라고 쏘아 붙인다. '야, 감자를 누가 소금에 찍어 먹니? 설탕에 찍어 먹지!', '우리 동네에서는 소금에 찍어 먹어!' '그래? 니네 동네는 항상 보면 좀 이상하더라...' '아니 우리 동네가 뭐가 이상해?' '왜 니네 동네는 제사 때 탕국 안 올리잖아!' '뭐? 탕국 올리는 게 도로 더 이상한 거지!' 두 부부는 이렇게 한참을 옥신각신 하다가 급기야 남편이 여진씨의 가장 민감한 부분을 건드린다. '장모님도 가만 보면 성격이 특이하시더라... 매사에 가리는 것도 많구. 영 까다로우신 거 같아!' 이 말에 여진씨가 폭발한다. '아니 왜 갑자기 우리 엄마 흉을 보는 거야!' '아니 사실이 그러니까 그렇다고 하는 거 아니야?' '그러는 당신네 엄마는 어때서? 매일 명품만 찾으시고, 때마다 선물 안 가져오나 하고 엄청 바라시잖아!' '아니, 우리 엄마가 뭘 그렇게 바라셨다고 그래!'

감자로 시작된 말다툼이 집안 문제로까지 번지자 사태는 걷잡을 수 없이 커진다. 이제 둘은 결혼 전에 상대방 집에서 자신을 서운하게 했던 것까지 죄다 끄집어내서 싸우기 시작한다.

이제 희애씨네 집으로 가보자. 희애씨도 남편이 출출해하자 감자를 쪄서 소금을 함께 가지고 온다. 남편이 소금을 보고 '감자에 소금을 가지고 왔네?' (상황 설명 Description)라고 한다. '어 우리 친정집에서는 감자를 소금에 찍어 먹는데... 상철씨는 아니예요?' '응, 우리는 설탕에 찍어서 먹는데 소금에도 한번 찍어 먹어보지 뭐, 색다른 맛일 거 같은데!'(비평가적 Non-Judgemental)하면서 밝게 웃는다. '소금 싫으면 설탕 가져 올께요!' '아니야, 이거 먹어보고 정 안 맞으면 그때 가지고 와~'. 남편은 감자를 소금에 찍어 먹어 보고는 '이야, 이것도 괜찮네! 맛있다!'라고 한다. 둘은 활짝 웃으면서 정답게 이야기꽃을 피운다.

03 생활 속 협상 사례 3

철수씨는 가족과 아침식사를 하고 있다. 그런데 초등학교 다니는 딸 정아가 철수씨 잔을 쳐서 철수씨 양복에 커피를 쏟아 버린다. 오늘 거래처와 중요한 미팅이 있어서 그동안 아껴두었던 양복인지라 철수씨는 머리 끝까지 화가 나서 딸에게 소리를 지르며 야단을 친다. 딸은 너무 놀라서 울음을 터뜨린다. 철수씨는 옆에 있던 아내에게도 조심성 없이 컵을 식탁 끝에 두었다고 비난한다. 철수씨의 아내도 발끈해서 당신이 안쪽으로 치워 놓았으면 되지 않냐고 맞받아친다. 서로 고성이 오간다.

철수씨는 붉으락푸르락 한 표정으로 안방으로 들어가 옷을 갈아입는다. 다시 거실로 나와 보니 딸은 우느라고 옷도 제대로 입지 않았고 가방도 챙기지 못했다. 아내의 직장이 더 멀었기 때문에 아내는 서둘러 먼저 집을 나가고 스쿨버스도 놓쳐버렸기 때문에 철수씨가 딸을 학교에 태워다 준다. 철수씨는 늦었다는 생각에 과속을 하다가 경찰에 적발되어 딱지를 끊는다. 화가 머리끝까지 치민다. 어렵사리 학교에 도착하자 딸은 인사도 하지 않고 뾰로통한 표정으로 차에서 내려 교실로 뛰어 들어간다.

우여곡절 끝에 직장에 도착해서 오늘 프리젠테이션을 할 서류를 찾아 보니 있어야 할 서류가 가방에 없었다. 집에 놓고 온 것이었다. 엉망진창으로 시작된 철수씨의 하루는 온 종일 순탄치가 않다. 이러다가 집에 가면 아내와 딸이 언짢은 얼굴로 철수씨를 맞이할 것이다. '홈 스위트 홈'과는 거리가 멀다. 아내와 삼차대전을 치러야 할지도 모른다.

이제 옆집 병철씨네로 가보자.

커피가 병철씨 양복에 쏟아지고 놀란 딸이 울음을 터뜨린다. 병철씨도 놀랐지만 이내 마음을 추스르고 "괜찮아, 다음부터 더 조심하면 돼!"(자기통제 Self Control)라고 딸에게 말한다. 그리고는 방으로 들어가 옷을 갈아 입고 서류가방을 들고 나온다. 딸에게 옷을 입혀 데리고 나와 스쿨버스에 태워준다. 딸아이가 환한 얼굴로 손을 흔든다. 회사에도 정시에 도착하여 동료들과 반갑게 인사하고 힘찬 하루를 시작한다.

일반인을 위한 위기협상

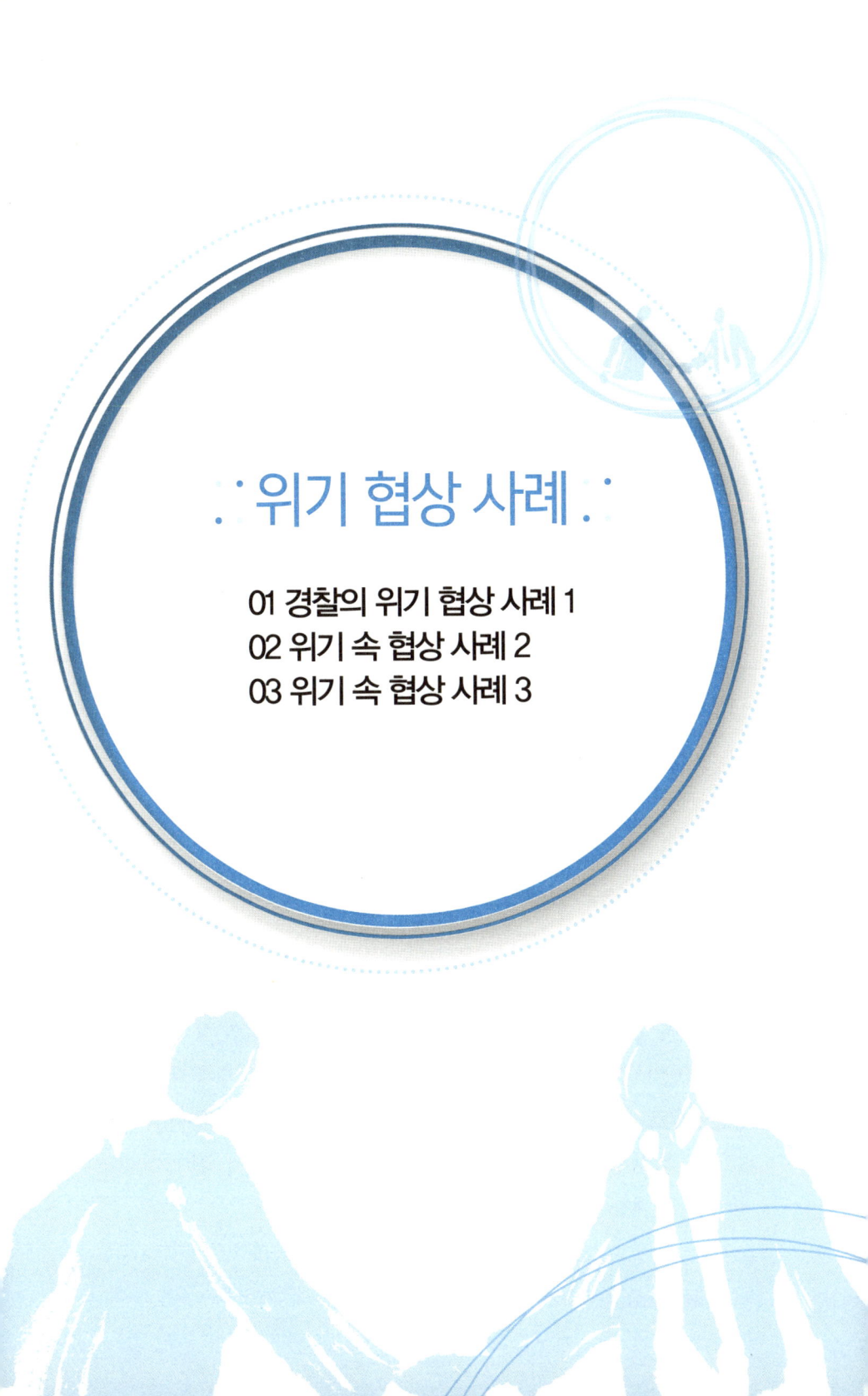

위기 협상 사례

01 경찰의 위기 협상 사례 1
02 위기 속 협상 사례 2
03 위기 속 협상 사례 3

01 경찰의 위기협상 사례 1

　이수빈(가명, 18세)은 고3학생으로 시험만 봤다 하면 거의 전교에서 1등을 도맡아 하는 학생이었다. 남들은 수빈이가 공부를 워낙 잘하기 때문에 무척이나 부러워했지만 수빈이의 얼굴은 항상 어두웠다. 성적이 조금만 떨어져도 엄마가 불벼락을 내렸기 때문이다. 엄마에게 혼나지 않기 위해 최선을 다했지만 항상 1등을 할 수는 없었다. 그리고 이번에 친 수능시험을 사상 최고로 망쳤다. 그동안 노력해 왔던 모든 것들과 앞날을 결정할 가장 중요한 시험이라고 생각하자 중압감이 엄청났고 만약 시험을 망칠 경우 화를 낼 엄마를 생각하니 중압감은 더욱 가중되었다. 결국 너무 긴장한 탓에 쉽게 풀 수 있는 문제에서도 실수를 하고 말았고 점수는 평소에 비해 형편없었다. 모든 것이 무너져 내렸다. 이제 수빈이의 삶은 끝났다고 느껴졌다. 성적이 삶의 모든 것이었기 때문에 성적이 잘 나오지 않은 순간 세상에 존재할 의미가 없다고 느껴졌다.

　수빈이는 아파트 옥상으로 향했다. 엄마의 무서운 얼굴을 마주하는 것이 죽는 것보다 무서웠던 것이다. 옥상에 서보니 땅위보다 바람이 더 매섭게 느껴졌다. 옥상 끝에서 보니 15층 아래 땅바닥이 까마득해 보였다. 수빈이는 난간 끝에 걸터 앉았다. 눈물이 흐르기 시작했다. 짧은 18년 인생이 주마등처럼 스쳐지나갔다. 나는 왜 세상에 태어난 걸까? 이렇게 외롭고 힘든데 나를 이해해 주는 사람은 세상에 단 하나도 없었다. 선생님도 친구들도 이런 내 사정을 모르고 공부 잘해서 좋겠다는 말만 해왔다. 그게 아닌데…

잠시 후 경찰관 아저씨가 올라왔다. 아래쪽에서 난간 끝에 걸터 앉아 있는 수빈이를 발견하고 신고를 해서 경찰관 아저씨가 출동한 것이다. '학생 거기서 뭐하는 거야? 거기서 그러면 위험하니 얼른 나하고 내려가자.' 수빈이는 말없이 계속 울기만 하다가 '아저씨, 내려 가세요, 저 혼자 있고 싶어요. 어차피 저는 혼자에요, 제게는 아무도 없어요' '학생, 학생이 죽으면 담임선생님과 친구들이 많이 걱정할 거야.' 내게는 아무도 없다는데 무슨 근거로 선생님과 친구들이 걱정을 한다는 말인가? '학생, 학생이 죽으면 엄마가 얼마가 슬퍼하시겠어? 엄마를 생각해 봐!' 이 말에 수빈이는 엄마의 성난 얼굴이 떠올랐다. 다시는 마주하기 싫은 그 표정! 이번에는 그동안 보았던 그 어떤 표정보다 더 지옥같은 표정을 지을 것이 분명했다. 순간 수빈이의 머리는 하얗게 변했고 오로지 뛰어내려야겠다는 생각밖에 들지 않았다. 수빈이는 몸을 앞으로 기울였고 아래로 추락하고 말았다.

💬 02 위기 협상 사례 2

별다른 직업 없이 이곳저곳을 전전하던 김성철(가명, 32세)은 칼을 들고 시내에서 좀 떨어진 교외에 있는 가든식당으로 향했다. 지난 번에 지나다가 여자 혼자 운영하는 식당을 보아둔 곳이 있었다. 여자 혼자 있으니 칼로 위협하면 돈을 좀 뜯어낼 수 있을 것이다. 식당에 와서 보니 오늘은 초등학생으로 보이는 딸도 함께 있다. 성철은 손님인 척 들어가서 여주인의 멱살을 잡고 칼을 들이밀면서 돈을 내 놓으라고 했다. 여주인은 돈이 없다며 살려달라고 소리를 지르면서 인질극이 시작되었다. 성철은 잠시 후 여주인과 딸을 데리고 건물 옆 계단을 통해 2층 옥상으로 올라갔다. 아마도 높은 곳에 있는 것이 경찰이 오더라도 방어하기 쉽다고 생각했던 모양이다.

잠시 후 신고를 받고 출동한 형사계 직원들이 식당을 에워쌌다. 그리고는 형사반장이 건물 앞에 서서 2층에 있는 성철을 향해 소리쳤다. '야, 너 빨리 칼 내려놓고 이리 내려와!', '야 임마, 그 아줌마하고 애가 무슨 잘못이 있다고 그러고 있어!' 그러자 범인은 '넌 뭐야, 이 새끼야!, 저리 꺼져, 안 그러면 여기 이 여자 죽는다!'라고 맞받아쳤다. '뭐라고 이 새끼야, 너 있다가 내려오면 아주 죽는다!' 이렇게 한동안 고성이 오가면서 대치상태가 이어지다가 범인이 자신의 요구사항을 이야기했다. '여기서 나가야겠으니 차를 한 대 가져와라, 안 그러면 인질을 죽이겠다!'

형사들이 모여서 상의를 했다. 어떻게 할 것인가? 차를 주어야 하나 말아야 하나? 이 때 한 형사가 다른 형사에게 말했다. '형님, 형님이 검도 챔피언이니까 칼을 잘 쓰잖아요. 형님이 계단 뒤에 숨어 있다가 범인이 차를 타려고 내려오는 순간 뒷통수를 내리치면 쉽게 잡을 거 아니에요?' '어, 그래? 그렇게 하지 뭐' 이 형사는 평소에 후배들에게 빼어난 검도실력을 인정받고 있던 터라 이 아이디어를 거부할 수가 없었다. 다른 형사들도 모두 '그게 좋겠다' 라고 동의하여 작전이 시작되었다.

형사들은 차를 한 대 건물 앞에 갖다 주었다. 형사가 차를 대고 물러나자 범인은 여주인의 손을 잡고 딸은 엄마의 손을 잡고 건물 옆 계단을 걸어 내려오기 시작했다. 그런데 아까부터 건물 앞에 버티고 서 있는 형사반장이 눈에 거슬렸는지 범인이 형사반장에게 '야, 너 저리가, 안가면 이 여자 찌른다!'라고 했다. 그러자 형사반장은 '그래 찔러, 이 새끼야!;라고 맞받아쳤다. 자기 목도 아닌데 찌르라니! 아마도 당시에는 현장상황이 너무 흥분되었기 때문에 실수로 나온 말이겠지만 인질의 입장에서 보면 섬뜩한 말이 아닐 수 없었다. 이렇게 계속 실랑이를 하면서 한 발 한 발 내려와서 차를 타려는 순간, 미리 계획한 대로 계단 뒤에 숨어있던 형사가 범인의 뒷통수를 내리쳤다.

어떻게 되었을까? 범인은 뒤에서 무언가가 날아오는 느낌이 들자 본능적으로 피하면서 손을 잡고 있던 여주인의 목에 칼침을 놓았다. 칼은 정통으로 여주인의 목 중앙에 꽂혔고 놀란 형사들이 달려들어 범인을 짓밟기 시작했다. 먼지가 일고 범인은 쓰러졌고 형사들이 달려들어 범인을 체포하긴 했지만 인질은 현장에서 즉사하고 말았다. 그런데 이 장면을 아까부터 방송사 카메라맨이 다 찍고 있었다. 이 장면은 거의 여과없이 그 날 저녁 9시 뉴스에 방송되었고 아나운서는 '오늘도 경찰의 서투른 대응으로 무고한 시민이 목숨을 잃었습니다.'라는 멘트로 뉴스를 마감했다.

경찰의 서투른 대응!!! 할 말은 없지만 이곳에 출동한 형사들 중 누구 하나 이런 상황에서 무력을 사용하지 않고 범인을 말로 설득하여 상황을 평화적으로 해결할 수 있는 방법에 대해 교육받지 못했기 때문에 제대로 대처할 수 없었던 것이다. 어찌 일선에서 뛰는 경찰관들만 비난할 수 있으랴! 이런 현장에 내보내면서 이런 것을 처리하는 방법을 가르쳐주지 않은 경찰청이 그 책임을 져야하지 않을까? 결국 이 사건으로 경찰청이 아니라 애꿎은 직원들만 중징계를 받고 전배[1]되어야 했다.

---

1) 잘못을 저지른 경찰관들을 다른 경찰서로 보내는 것을 의미함.

03 위기협상 사례 3

　이동준(가명)은 술에 취해 있었다. 김인애(가명)는 몇 달 째 연락두절 상태다. 한 때는 진정 사랑하는 사이라고 믿었는데 이제는 사랑도 없고 피같은 내 돈 5천 만원도 사라졌다. 급히 쓸 데가 있으니 조금만 빌려달라고 해서 조금씩 빌려 간 돈이 5천이나 된 것이다. 김인애는 금방 갚겠다, 조금 있으면 적금 탄다고 하면서 변제를 차일피일 미루다가 3달 전에는 아예 종적을 감춰버렸다. 백방으로 수소문을 했지만 그녀의 행방을 아는 사람은 아무도 없었다. '사랑한다고 믿었는데, 제길…' 배신감이 뱃속 깊숙이로부터 끌어 올랐다. '이렇게 나를 갖고 놀 수가 있나? 내가 그렇게 호락호락해 보였나?' 별의별 생각이 동준의 머릿속에 떠올랐다.

　동준도 형편이 넉넉해서 인애에게 돈을 준 것은 아니었다. 40이 넘도록 막노동판을 전전하다보니 장가도 못 갔는데 애 둘 딸린 여자였지만 자신에게 호감을 보여주는 것이 너무도 고마워 교제를 하면서 돈이 필요하다기에 월세 보증금까지 빼서 돈을 해준 것이었다. 만약 인애가 다시 돌아와서 돈을 갚지 않는다면 자신은 이제 거리로 나앉을 판이었다. 이제는 더 이상 마냥 기다리고만 있을 수 없었다. 결단을 내려야 했다. 여자를 잡아오든 아니면 자신이 죽든, 어떤 형태로든 이 상황을 끝내야 했다.

　동준은 부엌에서 식칼을 꺼내 뒷 춤에 꽂고 페인트 가게에 가서 시너를 사서 인애의 집으로 향했다. 동준은 벨을 눌렀다. 인애의 집에는 고등학교를 다니는 딸과 초등학교에 다니는 아들이 있었는데 별다른 의심 없이 '누구세요?'하면서 문을 열어 주었다. 동준은 집안으로 돌진해 들어가서는 칼을 꺼내 들고 인애를 데려오라고 소리를 쳤다. 아이들은 놀라서 벌벌 떨었고 금방 눈에서 눈물이 떨어지기 시작했다.

얼마의 시간이 흐른 후 신고를 받고 출동한 형사반장이 경비실에서 내선전화를 통해 동준과 대화를 시도했다. 형사반장은 동준에게 원하는 것이 무엇이냐고 물었고 동준은 자신의 내연녀인 인애를 잡아와서 자기 돈 5천만을 갚도록 하라는 것이다. 형사반장은 알았으니 잠시 시간을 달라고 했다. 전화를 끊고 한 30분 정도 흐른 후에 형사반장은 다시 전화를 걸어 동준에게 인애를 찾아왔다고 했다. 아마도 이 형사반장은 내연녀를 찾아 왔으니 나와서 이야기하자고 하여 동준을 끌어낼 심산이었는지도 모르겠다. 하지만 동준은 나오지 않고 인애를 집으로 올려 보내라고 했고, 여자를 데리고 있지 않은 형사반장은 당황했다. 이를 눈치 챈 동준은 크게 화를 내면서 전화를 끊었고 더 이상 형사반장과 통화를 하려고 하지 않았다.

잠시 후 경찰서에서 형사반장과 서장님까지 나오셨다. 인질사건이 자꾸 장기화되자 마음이 급해진 형사반장과 서장님은 직접 문 앞으로 가서 동준과 대화를 시도했지만 경찰에 대한 신뢰를 잃은 동준은 아무런 대화를 하려고 하지 않았고, 서장이 직접 나서서 내연녀를 찾아오고 돈을 갚아주겠다고 했지만 개소리 하지 말라고 하면서 도로 더 핏대를 세웠다.

더 이상의 대화가 불가능하다고 판단한 경찰은 특공대를 투입하였다. 특공대는 레펠을 타고 창문을 부수고 침투하려고 하였는데 발로 차도 창문이 깨지지가 않는 것이었다. 특공대가 걷어찬 것은 유리가 아니라 방충망이어서 찌그러지기만 할 뿐 깨지지가 않아서 한 번에 침투하지 못하고 시간이 많이 지체되었고, 이를 본 동준이 여고생 딸에게 달려가 목을 칼로 찔렀다. 놀란 특공대가 들어와서 결국 동준을 제압했지만 딸은 이미 칼에 찔려 큰 부상을 당한 뒤였다.

04 위기 협상 사례 4

문기석(가명, 34세)은 오늘도 자신의 애인 박수진(가명, 28세)과 크게 다투었다. 박수진에게 다른 남자가 있다고 의심한 문기석은 이를 계속 추궁하였고 박수진은 당신이 무슨 상관이냐는 식이었다. 문기석이 계속 다른 남자를 만날거냐고 하자 그건 내 마음이라고 하여 격분한 문기석이 칼을 꺼내 박수진의 복부를 찔렀다. 박수진은 그 자리에서 쓰러졌고 문기석은 놀라서 도망치기 시작했다.'

신고를 받고 출동한 경찰관들이 문기석을 뒤쫓기 시작했고 한 건물 옥상에서 문기석을 발견하게 되었다. 문기석은 옥상 끝에 서서 경찰이 더 다가오면 뛰어내리겠다고 위협했다. 경찰은 가까이 다가가지 못하고 멀찍이 서서 문기석을 설득하기 시작했다. 이때까지도 문기석은 자신이 애인을 죽였다고 생각하고 자신도 죽으려고 하였는데 경찰관들도 경황이 없었기 때문에 애인이 나중에 병원에서 살아난 사실은 잘 모르고 일단 뛰어내리지 못하도록 설득하고 있었다.

그렇게 한참동안 설득한 것이 효과가 있었던지 문기석은 뛰어내리는 것을 포기하고 내려가기로 하고 한 발씩 경찰관 쪽으로 다가왔다. 문기석이 손에 잡힐 만큼 다가왔을 때 경찰관은 문기석의 팔을 낚아채려 하였고 놀란 문기석이 몸을 빼다가 옥상 밑으로 떨어졌다. 그리고 문기석이 떨어지자 놀란 경찰관이 이를 다시 잡으려다 동반추락하였는데 건물 아래에 매트를 설치하기는 했지만 바로 옆으로 떨어져서 둘이 모두 사망하고 말았다. 자살하려는 사람은 오늘 억지로 끌어내리더라도 내일 다시 시도할 수 있기 때문에 억지로 끌어내리려 해서는 안 되고 자기 발로 내려오도록 길을 터주어야 하는데 너무 안타까운 사건이었다.

💬 05 위기 협상 사례 5

    2004년 1월 18일 미국 애리조나 주립 교도소… 사방을 둘러봐도 모래사막만 끝없이 펼쳐져 있는 황량한 곳이다. 한 낮에는 섭씨 40도를 오르내리고 밤이 되면 한기를 느낄 정도로 추운 곳이다. 문명사회와는 철저히 격리되어 있다. 이곳에 수감된 사람들은 탈옥을 하더라도 저 사막을 살아서 건너가리라는 것을 장담할 수 없다. 아마 이런 점 때문에 이런 곳에 교도소를 세웠을 것이다. 육지에 떠 있는 섬 같은 곳…

    저 멀리 사막의 지평선 너머로 탑차가 한 대 달려온다. 이 차량은 교도소 정문으로 가서는 출입확인절차를 거쳐 식당 Loading Dock으로 향한다. 교도소에 공급할 부식을 싣고 온 것이다. 운전사는 뒷문을 열고 부식상자들을 내려놓는다. 주방에 근무하는 직원들이 나와서 부식상자들을 저장창고로 나르기 시작한다. 주방 안에는 조리사를 비롯한 여러 명의 사람들이 식사를 준비하며 분주하게 움직이고 있다. 아침식사가 끝나면 곧바로 점심을 준비하고 점심이 끝나면 또 곧바로 저녁을 준비해야 한다.

    모두가 분주하게 움직이고 있던 그 때 갑자기 식당 문이 쾅하고 열리면서 죄수 두 명이 들이닥친다. 리치 와세나와 스티븐 코이다. 리치는 마른 체형에 키가 크고 스티븐은 약간 뚱뚱한 편이고 대머리였다. 리치는 마약을 유통하다 들어왔고 스티븐은 타고난 강간범으로 14살 때 자신의 친어머니를 강간하여 삼촌집에 살다가 다시 강간사건을 벌여 들어온 놈이다. 이들은 미리 준비한 칼로 주방에 있던 사람들을 찔러 죽였다. 그리고 주방 직원들의 옷을 벗겨 자신들이 입었다. 이들은 모자를 눌러쓰고 밖으로 나갔다. 주방을 나오면 마당을 통과하여 간수타워로 갈 수 있다.

이들은 간수타워 밑에 도착하여 벨을 눌렀다. 이때 간수타워에는 젊은 남자간수 한 명과 여자 간수가 근무하고 있었는데 이들이 위에서 내려다보니 유니폼을 입은 사람 두 명이 서 있었다. 이들은 교대를 하러 온 사람들이겠거니 생각하고 문을 열어 주었다. 그러자 리치와 스티븐은 순식간에 밀치고 들어가서 이들을 제압하고 총을 빼앗았다.

교도소 전체에 비상이 걸렸다. 교도관들은 경찰에 연락하고 자체적으로 이들이 있는 간수 타워를 공격하고자 했으나 동료 간수들이 인질로 잡혀 있고 타워가 워낙 높고 방어하기 좋은 위치에 있었기 때문에 엄두를 내지 못하였다. 이윽고 경찰 협상팀이 도착하여 대화채널을 구축하고 협상을 시도하였다.

협상팀은 우선적으로 인질들이 안전한지를 확인하였는데 남자 간수는 이들에게 제압당하는 과정에서 한 쪽 팔이 골절되었고 여자 간수는 스티븐에게 강간을 당한 상태였다. 이후로도 상황이 종료되기 전 37일간 매일같이 스티븐은 여자간수를 강간하였다. 아래에 있는 교도소 동료들은 이런 사실을 알고 이 여자간수에게 버틸 힘을 주기 위해 가슴에 노란 리본을 달고 다녔고 이런 사실을 구내 방송을 통해 이 여자간수에게 전달되도록 하였다.

협상팀은 범인들이 극단적인 행동을 하지 않도록 최선의 노력을 다하였지만 협상에는 별다른 진척이 없었다. 그러던 중 범인들이 남자간수와 말다툼을 하다가 죽이겠다며 목에 총을 들이댔다. 그러자 이 남자간수는 겁내지 않고 당당하게 범인들의 눈을 쳐다보면서 '되도록 빨리 끝내라'라고 했다. 이 남자간수는 죽을 각오를 하고 그렇게 말한 것이었는데 이 말이 리치를 감동시켰다. 리치는 '너 같은 놈은 죽기에 아깝다. 여기서 나가라!'라고 하면서 이 남자간수를 풀어주었다. 아마도 리치라는 녀석은 마약 거래상을 하면서 의리, 남자다움 같은 것들을 중요하게 생각했나 보다.

사건이 조기에 해결되지 않자 FBI 본부에서 특공대를 파견하였다. 헬기를 타고 날아 온 미국 최정예 특공대가 도착하자 이제 곧 사건이 해결될 것이라는 기대감이 퍼졌다. 그러나, 일반의 기대와는 달리 이 특공대 역시 작전을 수행하기에는 너무 위험부담이 크다며 작전을 포기하고 돌아가고 말았다. 이제 사건을 해결하는 유일한 방법은 협상을 통해 인질을 구출하는 것이었다.

그러나 협상 역시 쉽지만은 않아서 시간만 속절없이 흘러가고 있었다. 이 과정에서 스티븐을 키워준 삼촌을 불러다가 설득하도록 해보기도 하고 리치의 가족들을 불러 설득하기도 해 보았지만 아무런 효과가 없었다. 협상은 지루하게 계속되었고 이렇다 할 소득없이 속절없이 음식만 계속 넣어 주었는데 교도소 음식이 지겨워졌던 범인들은 꼭 Subway 샌드위치를 먹고 싶다고 해서 경찰들이 사막을 건너가서 서브웨이 샌드위치를 사다가 주기도 하는 등 어렵고 힘든 시간들이 계속되었다. 이 과정에서 가장 힘들었을 사람은 바로 여자 간수였다. 그녀에게는 자녀가 세 명이 있었는데 이 아이들이 있었기에 이 여자간수는 그 긴 고통의 시간을 견딜 수 있었을 것이다.

이렇게 지루하게 계속되던 대치상황은 결국 37일 만에 막을 내렸는데 그 결정적인 이유는 협상이 성공해서였다기 보다는 범인들이 변 냄새를 더 이상 참을 수 없었기 때문이었다. 간수타워에는 화장실이 따로 없었기 때문에 범인들은 아래 계단으로 내려가는 문을 열고 변을 보았는데 그 밑에 30일 이상 변이 쌓이자 그 냄새가 모두 자기들에게 올라왔고 이것을 더 이상 참지 못한 것이었다.

그런데 범인들이 더 이상 견디지 못하고 항복을 하고 나오려 하자 다시 저 밑으로 돌아가게 되면 간수들이 피의 보복을 할 것이 걱정이 되었다. 자신들이 여기서 동료간수를 30일 이상 강간했기 때문에 자신들이 내려오기만을 다른 간수들이 벼르고 있다는 것을 알고 있었다. 그래서 이들은 자신들이 항복하는 대신에 다른 교도소로 이감해 줄 것을 강력히 요청하였다. 자신들의 요구가 받아들여지지 않으면 항복하지 않겠다는 것이었다.

이에 협상팀과 교도소 측에서는 열띤 갑론을박이 벌어졌다. 혹자는 이런 상황에서 한 약속은 지킬 필요가 없으니 범인들에게 그렇게 해주겠다고 하고서 내려오면 그냥 이 교도소에 수감하자고도 했다. 그러나 협상팀은 진지하게 고민한 결과 범인들과 이런 약속을 하게 되면 반드시 이를 지켜야 한다는 결론을 내렸다. 왜냐하면 만약 범인들을 기만하고 일단 항복하게 한 이후 약속을 지키지 않는 것을 다른 수감자들이 보게 되면 앞으로 유사한 상황이 발생하게 될 경우 더 이상 협상에 의한 해결은 기대할 수 없었기 때문이었다. 결국 범인들에게 다른 교도소로 이감해 주겠다는 약속을 해 주었고 범인들이 내려오자 약속대로 다른 교도소로 보내주었다. 범인들이 내려오면 제대로 뜨국운 맛을 보여주려고 학수고대하던 교도관들은 너무나도 아쉽겠지만 리치와 스티븐은 그렇게 아무런 보복을 당하지 않고 다른 교도소로 유유히 떠나갔다. 위기협상에서 신뢰가 얼마나 중요한지를 다시 한 번 생각하게 하는 사례가 아닐 수 없다. 신뢰가 바탕이 되지 않으면 진정한 협상은 없다!!!

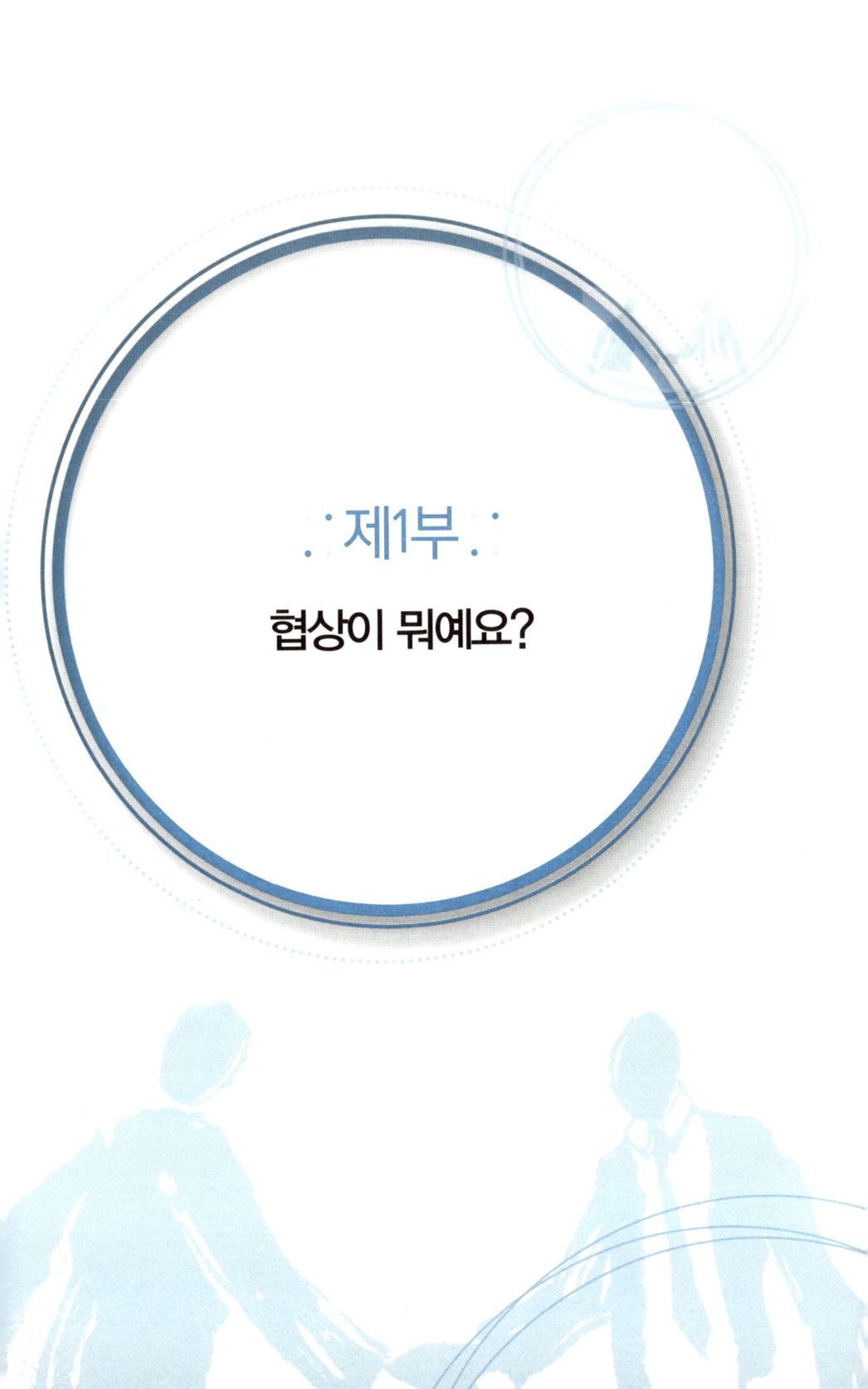

 01 인생은 위기 상황의 연속.

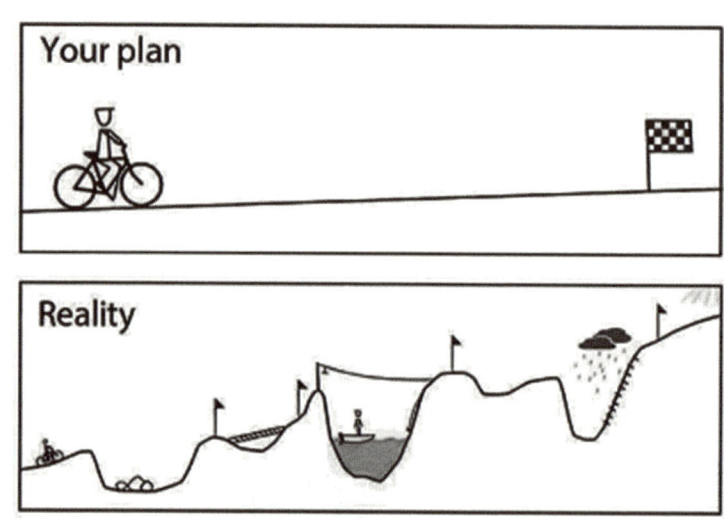

자료출처 : Dorsey Wright Money Management 공식 블로그
http://systematicrelativestrength.com/2013/11/12/your-plan-vs-reality/

　위 그림은 Dorsey Wright Money Management 공식 블로그에 실려 있는 그림이다. 이 회사는 사람들의 자금을 관리해주는 회사로 아마도 우리의 인생이 처음에 계획한 것처럼 순탄하게 흘러가지 않을 수 있으니 전문가인 자신들의 도움을 받아서 자산을 관리해야 한다는 이야기를 하려고 하는 것 같다. 필자는 얼마 전 이 그림을 누군가 밴드에 올려서 보게 되었는데 혼자서 실소하면서 한참 동안 그림에서 눈을 떼지 못했었다. 이 그림을 보면서 회한 섞인 한숨과 실없는 미소가 뒤섞여 나올 수밖에 없었던 것은 현재 필자가 처해있는 상황이 이 그림과 너무 닮아 있기 때문일 것이다.

필자는 경찰대학을 졸업하고 경찰공무원으로 16년간 일하다가 4년 전에 그만두고 현재 교수로 생활하고 있다. 공무원 생활을 하는 동안 국민의 생명과 재산을 보호하는 숭고한 경찰의 사명을 다하기 위해 나름대로 최선의 노력을 다하였지만 공무원으로서 할 수 있는 일에 일정한 한계가 있음을 느끼고 과감히 사표를 던지고 대학교수 생활을 시작하게 되었다. 당시에는 교수가 되면 내가 하고 싶은 일들을 마음껏 하면서 희희낙락 즐겁게 살 줄 알았다. 공직을 그만두고 나와서 얼마 동안은 실제로 내가 꿈꿔 왔던 것처럼 살아지는 것 같았다. 그러나 행복의 순간은 잠시였고 머지않아 고난이 시작되었다.

필자가 들어갈 때만해도 조용했던 학교는 노조가 설립되어 학교 측과 격렬히 싸우기 시작하더니 지금은 학교의 앞날을 가늠할 수 없는 상황으로까지 치닫고 있다. 그렇지 않아도 학력자원이 줄어들어 2020년이 되면 고등학교 졸업자 수가 대학정원을 초과하게 되고, 이에 따라 불가피하게 문을 닫는 대학들이 나오게 될 것이라고 한다. 학교에서는 살아남기 위해 연일 교수들에게 학생취업률을 높이라고 독촉하고 있다. 취업률이 낮으면 대학평가에서 좋은 점수를 받지 못하게 되고 그러면 결국 도태될 수밖에 없다는 것이다. 공직 때는 전혀 걱정해 본 적이 없는 '직업안정성(Job Security)'를 걱정해야 할 상황에 처한 것이다.

그런데 어려움은 이뿐만이 아니었다. 올 초에 주변 사람들이 적극적으로 도와줄 거라고 해서 안사람을 시켜서 조그만 사업을 하나 시작했는데 막상 사업을 시작하고 나니 도와준다고 했던 사람들이 말을 바꾸었고, 밖에서 볼 때는 간단해 보였던 사업이 안에 들어가서 보니 너무 복잡하고 어려운 것이었다. 내가 이걸 왜 시작했나 하는 후회가 절로 들었다. 분명 처음 시작할 때는 상단의 그림처럼 순탄할 것만 같았는데 현실은 하단의 그림처럼 수많은 난관과 위험이 도사리고 있었다. 필자는 국내에서 최초로 '위기협상론'이라는 책을 저술하고 10년째 위기협상 교육을 시켜오고 있는데 필자가 만약 위기협상을 공부하지 않았다면 아마도 그 숱한 위기상황들 중 하나에 걸려 넘어지고 말았을 것이라는 생각이 든다.

그런데 인생의 위기상황을 겪고 있는 것이 필자만이 아닌 것 같다. 각종 통계 수치를 보면 우리나라는 '위기공화국'이라고 해도 과언이 아닐 것이다. 그중에서도 특히 자살 문제가 매우 심각하다고 할 수 있다.

세계보건기구(WHO)가 2009년 9월 세계 자살 방지의 날을 맞아 발표한 통계에 따르면 지난 50년간 세계 자살율은 60%나 증가했다. WHO에 따르면 매년 전 세계 사망자의 1.5%에 해당하는 100만 명이 자살함으로써 하루 평균 3,000명 가까운 사람이 스스로 목숨을 끊고 있다. 특히, 25세 미만 인구의 경우 사망 원인 중 3위가 자살인 것으로 분석됐으며, 이런 추세가 계속된다면 2020년에는 연간 자살수가 150만 명에 이를 것으로 전망된다.

그런데 이미 잘 알려진 바와 같이 한국은 경제협력개발기구(OECD) 회원국 가운데 가장 높은 수준의 자살 증가 속도를 보이고 있다. 우리나라는 1982년까지만 해도 인구 10만 명당 자살자 수가 6.8명으로 OECD 회원국 가운데 24위에 머물렀으나 1990년대 후반 이후 '국제금융사태'(IMF 위기)를 거치면서 자살자가 급증하여 1998년에는 18.4명, 2003년에는 23.8명을 기록해 일본, 헝가리, 핀란드 등을 제치고 OECD 회원국 가운데 자살율 1위를 차지하는 불명예를 안았고 그 이

후에도 지속적으로 세계 최고 수준을 유지하고 있다. OECD가 발간한 '2011년 OECD 통계연보'에 따르면 우리나라의 10만 명당 자살율은 28.4명(2009년 기준)으로 OECD 회원국 평균 자살율(11.88명)의 약 2.4배에 달하는 것으로 나타났다.

이렇듯 자살이 급증하면서 자살이 한국인의 사망원인에서 차지하는 비중도 매우 높아져 통계청이 발표한 '2009년 사망원인 통계'에 따르면 2009년 자살자수는 15,413명으로 1일 평균 42.4명(34분에 1명꼴)이 자살한 것으로 나타났는데, 이는 전년대비 19.3%가 증가한 수치이다. 전년 대비하여 10대 이후 전 연령층에서 자살율이 증가한 것으로 나타났는데 10대가 40.7%, 30대가 26.9%, 50대가 24.9%의 순으로 증가하였다. 20-30대의 경우 사망원인 1순위가 자살인 것으로 드러났는데 지난 7년간 연속으로 사망원인 1위를 기록하고 있어 실로 심각한 문제가 아니라고 할 수 없다.

높은 자살률과 함께 이혼율도 세계 최고 수준이어서 1년 내 이혼하는 부부가 47%를 넘는다고 한다. 조기 이혼과 함께 요즘은 황혼이혼도 크게 증가하는 추세에 있다. 이처럼 개인과 가정이 많은 위기를 겪고 있는데 이런 사정은 우리 사회의 다른 부분에 있어서도 마찬가지인 것 같다. 학교에서는 왕따와 폭력, 직장에서는 노사갈등, 국가적으로는 정책갈등 등으로 국가 전체가 위기상황에 빠져 허우적대고 있다고 할 수 있다.

이러한 상황에 대한 해답은 없는 것일까? 우리는 작금의 상황에 대해 어떻게 대처해야 하는 것일까? 이러한 질문에 대한 해답을 내놓는 것이 쉬운 일은 아닐 것이고, 완전한 해결책을 내놓는다는 것은 불가능할 수도 있겠으나 필자는 현재의 상황을 개선할 수 있는 대안으로서 '위기협상'을 제시하고자 한다. '위기협상'이 현 상황에 대한 대안이 될 수 있다고 생각하는 것은 사람들이 위기협상기법을 익혀서 위기상황에 보다 현명하게 대처할 수 있게 되고, 이러한 사람들이 많아지면 국가 전체적으로 보았을 때 위기상황이 많이 개선될 수 있으리라고 믿기 때문이다. 그것이 어떻게 가능할지는 앞으로 차차 이야기를 풀어가면서 설명하도록 하겠다.

 그런데 우리가 마주하고 있는 문제가 복잡 미묘한 것이니 만큼 이것을 풀어가는 방식도 그리 단순하지만은 않을 수 있다. 그리고 깨달음은 많은 시간을 지나 아주 천천히 당신에게 다가올 수 있고, 여기에서 설명하는 여러 가지 기법들이 겉으로 보기에는 간단해 보여도 실제로 그것을 해보려고 하면 매우 어려울 수 있을 것이다. 그러나 인내를 가지고 따라오다 보면 그동안의 문제해결방식과는 다른 방식으로 문제들을 해결할 수 있을 것이고 그렇게 하다보면 그동안 접하지 못했던 새로운 세상을 만나게 될 것이다.

02 하워드 가드너의 다중지능
(Multiple intelligence)

여러분은 학교에서 지능검사를 받아 본 적이 있는가? 그렇다면 당신의 지능지수는 얼마인가? 만약 당신의 지능이 일반적인 평균보다 높다면 당신은 좋은 직장에서 일하고 사회적으로 성공한 삶을 살고 있는가?

과거에는 이러한 지능지수가 학업성취도와 사회적 성공을 가늠할 수 있는 예측인자가 된다고 생각한 적이 있었다. 물론 IQ와 학업성취도가 전혀 상관이 없는 것은 아니지만 지금은 학교에서 공부만 잘한다고 해서 사회에 나아가 반드시 성공하지는 않는다는 것을 알게 되었다. 그리고 성공은 고사하고 공부는 잘하지만 친구들이나 직장동료들과 잘 어울리지 못해 팀워크를 해치는 사람을 주변에서 많이 볼 수 있다. 기업에서도 최근에는 좋은 대학 나오고 학점이 좋은 사람이 반드시 기업의 성과에 도움이 되는 것은 아니라는 것을 깨닫기 시작했다.

하워드 가드너는 이러한 전통적인 지능 측정방식에 이의를 제기한 학자이다. 가드너는 1943년 미국에서 출생하여 1971년 하버드 대학교에서 발달심리학 박사학위를 받았으며, 1972년부터 David Perkins와 함께 연구를 시작하여 기존의 지능이론과 전혀 다른 개념의 지능이론을 제시하였다. 그는 '사람은 모두 똑같이 태어나지 않으며 지능 또한 모두 다르다.'라고 주장하면서 1983년 언어, 논리-수학, 공간, 신체, 음악, 대인관계, 자아성찰, 자연지능의 8가지 지능을 제시하였다.

음악지능이 높은 사람은 음악분야에서 두각을 나타낼 수 있고 신체지능이 높은 사람은 운동 분야에서 두각을 나타낼 수 있을 것이다. 그런데 이들 8가지 지능 중에 일반적으로 어떤 사람이 이후에 사회적으로 성공할 가능성을 예측하는데 가장 중요한 지표가 대인관계 지능과 자아성찰지능이라는 것을 발견하였다.

현대인들은 핵가족화와 개인주의의 팽배, 스마트폰의 발달로 어릴 때 혼자서 자라면서 부모의 과잉보호를 받고 커서는 스마트폰이나 컴퓨터 게임을 하면서 혼자서 보내는 시간이 많기 때문에 현실세계에서 다른 사람과 직접 접촉하면서 커뮤니케이션하는 대인관계지능이 크게 떨어졌다. 특히 386세대보다 스마트폰 세대들은 이러한 현상이 더 심화되어 대인관계에 큰 어려움을 겪게 된다. 현재 학교에서 왕따와 학교폭력, 자살 등의 문제가 심각한 것은 이러한 세태를 반영한 것이라고 할 것이다.

협상 교육은 다른 사람과 어떻게 커뮤니케이션해야 하는지에 대해 알려주고 훈련시켜 주기 때문에 하워드 가드너가 주장하는 대인관계 지능을 높일 수 있는 가장 효과적인 방법 중의 하나이다.

그리고 전통적인 지능지수는 그 속성상 공부를 한다고 해서 크게 높아지기 어렵지만 대인관계 지능은 본인의 노력여하에 따라 크게 향상될 수 있다.

여러분은 성공적인 인생을 살고 싶은가, 실패한 인생을 살고 싶은가? 만약 성공적인 인생을 살고 싶다면 지금부터 대인관계 지능을 높이기 위해 노력하여야 할 것이다.

03 협상이 건진 내 인생!!!

필자가 좋아하는 선배 중의 한 분이 늘상 하시는 말씀이 '배워서 남주자'이다. 어렸을 때 부모님들이 입버릇처럼 하시던 말씀이 '배워서 남주냐?'였는데 선배는 이 말을 뒤집어서 한 것이다. 그동안은 우리가 무언가를 배운다는 것은 다 나를 위해서 하는 일들이었다. 특히 중·고등학교 시절에 공부를 하는 것은 좋은 대학에 가기 위한 것이 주목적이기 때문에 배워서 나 잘되자고 하는 것이었다. 그런데 위기 협상은 내가 잘되기 보다는 이것을 통해 위기에 빠진 사람들을 구하고자 하는 숭고한 목적으로 배우는 것이기 때문에 '배워서 내가 갖는 것이 아니라 남을 주기 위한 것이다.' 선배님 말씀처럼 '배워서 남주기'위한 것이다. 그런데 이런 좋은 목적으로 배운 것이 실제로 그런 목적으로 사용되기도 하지만 그 반사 이익으로 나의 삶의 위기에서 내가 구원받게 되기도 한다.

필자의 경우 왜 이토록 위기협상에 큰 관심을 갖게 되었는지 곰곰이 생각해 보니 필자가 살아온 인생자체가 위기상황의 연속이었기 때문인 것 같다. 필자의 위기상황을 이야기하자면 우리 할아버지대까지 거슬러 올라가야 한다. 할아버지는 경북 선산에서 젊은 시절에 대동청년단장을 지내시면서 반공운동을 하셨다고 한다. 할아버지께서는 필자가 아주 어릴 때 돌아가셨기 때문에 어떻게 사셨는지 직접 보지는 못했지만 예전에 한동안 숨은 애국지사찾기 운동같은 걸 할 때 아버지가 군청에서 주는 무슨 표창장 비슷한 걸 받아오신 적이 있는 걸로 보아 애국활동을 하시긴 한 것 같다.

아버지 말씀에 의하면 6.25가 끝날 무렵 공산당이 물러가면서 할아버지 집을 습격하여 한밤중에 주무시고 계시던 할아버지를 끌어내어 집단 폭행을 가했는데 그 때 머리를 잘못 맞아서 이상해지셔서 본처를 내쫓고 후처를 들여서 아버지 밑으로 배다른 동생을 하나 낳았다고 한다. 그리고 이때부터 아버지의 계모살이가 시작되었는데 지금이야 모두 면으로 된 속옷을 입지만 그 당시에 계모는 삼베로 만든 속옷을 아버지에게 입혔고 한 겨울이면 함바에 채소를 담아 읍내 장에 나가서 팔고 오라고 시켰다고 한다. 그 추운 겨울날 시장까지 걸어갔다 오면 사타구니가 삼베에 쓸려 피가 흐르고 양손은 함바에 얼어 붙어서 살점까지 같이 떨어지곤 했다고 한다.

그러다가 중학교 무렵 여수로 이사를 하셨고 학교를 제대로 보내 주지 않아 양복점에 재단사 보조로 취직하여 낮에는 일하다가 밤에는 재단테이블 위에서 쪽잠을 잤다고 한다. 그 후 나이가 차 군대에 가셨는데 강릉에 있는 포병부대에 근무하셨다고 한다. 군 복무가 끝날 무렵 월남전이 터졌는데 1차 파병 당시 3000여명 정도가 차출이 되었는데 그 중에서 유일하게 우리 아버지만이 자원했다고 한다.

1차 파병 당시만 해도 월남에 가면 다 죽는다는 소문이 돌아서 모두가 가지 않으려고 했는데 왜 유독 우리 아버지만 자원을 했을까? 아버지 말씀으로는 혼자 죽을 용기는 없어서 전쟁터에 가서 총맞아 죽으려고 했다고 하신다. 아버지는 파병되기 전 고향으로 할아버지를 찾아가서 무릎을 꿇고 그동안 자라면서 학교도 제대로 안 보내주고 계모 밑에서 고생한 이야기 등 그동안 할아버지에게 서운했던 것들을 모두 말했는데 한 마디 할 때마다 주먹이 날아와서 모두 10대 가량을 맞으면서도 가슴속에 있는 말을 모두 쏟아내고서 '저는 이제 월남에 가서 죽겠습니다'하고 마당에서 큰 절을 올리고 집을 나오셨다고 한다.

그렇게 할아버지와 세상에 대한 큰 원망을 안고 죽으려고 월남으로 떠나셨던 우리 아버지는 몸에 총알자국 하나 없이 멀쩡히 살아 돌아오셨다. 다른 사람들은 실제로 많이 죽었는데 정작 죽으려고 한 우리 아버지는 살아 오신 거다. 이순신 장군의 말씀처럼 '생즉사, 사즉생'이던가… 어쨌든 우리나라로 돌아오신 아버지는 군에서 펜팔을 하던 어머니와 만나서 결혼을 하셨고 나와 내 남동생을 낳으셨다.

그런데 아버지는 외관상으로는 멀쩡히 돌아오셨지만 큰 병을 하나 얻어 오셨는데 그것은 바로 고약한 술버릇이었다. 월남전 시절에는 실제 전쟁 상황이고 한 번의 전투가 끝나면 병사들이 다음 전투에서 살아남을지를 알 수 없는 상황이었기 때문에 전투가 끝나면 병사들이 충분히 회포를 풀게 했던 것 같다. 그래서 술도 마음껏 먹게 해주고 혹시 다른 사람들과 싸움이 벌어지거나 해도 눈감아 주었던 것 같다.

그래서인지 아버지는 술만 드시면 온 동네가 떠나가도록 소리를 지르고 술이 깰 때까지 밤새도록 어머니를 때리셨다. 때로는 그릇으로 머리를 때리기도 하고 손으로 어머니 머리를 벽에다 들이박기도 하셨다. 나와 내 동생은 밤새도록 건넛방에서 그 소리를 들어야 했기 때문에 공포에 떨면서 제대로 잠을 자지 못하는 일이 많았다.

그러던 어느 날, 그날도 아버지는 만취가 되어 돌아오셨고 어머니와 말다툼을 벌이다가 '다 죽여버리겠다'며 식칼을 들고 오셨고 어머니와 내 동생과 나는 여기저기 숨다가 부엌문 뒤에 숨어 있었는데 아버지가 칼을 들고 들어와 어디 있냐며 우리를 찾기 시작했다. 마침 부엌에는 불이 꺼져 있었고 아버지는 술에 취해 있었기 때문에 꼼꼼히 찾지 않고 대강 둘러보고는 다른 곳으로 가셨다. 우리는 그 틈을 타서 집을 빠져 나와 외할머니 집으로 향했다. 어두운 밤에 몸만 간신히 빠져 나왔는데 갈 곳이 없었기 때문에 외할머니 집에라도 가야 했는데 외할머니 집은 논밭을 지나 고개를 하나 넘어서 한 두 시간 정도는 걸어가야 하는 곳에 있었다.

그런데 고갯마루를 넘어가면 공동묘지를 지나가야 했는데 어린 마음에 불빛도 없는 시골에서 별빛에만 의지해서 공동묘지 앞을 지난다는 것이 무섭기도 했지만 그보다는 칼을 들고 있는 아버지가 더 무서웠기 때문에 두말 않고 공공묘지를 지나서 외할머니 집으로 갔다. 며칠 후 아버지가 정신을 차리고 우리들을 데리러 오셔서 결국 집으로 돌아 오긴 했는데 그 이후로도 이런 일은 계속해서 반복되었다. 아버지는 몇 해 전에 고엽제 후유증으로 돌아가셨다. 말년에는 몸이 많이 약해지기는 했지만 결국 돌아가실 때까지 이런 습성을 완전히 버리지는 못하셨다.

필자는 이런 아버지를 좋아하지 않았고, 어릴 때부터 '아버지처럼 살지 말아야겠다'라고 생각하고 있었다. 그런데 필자가 커서 여자친구를 대하는 모습을 보니 아버지가 어머니를 대하던 방식을 그대로 따라하고 있는 것이었다. 내 마음에 들지 않으면 우선 소리부터 지르고 강압적으로 찍어 누르려고만 하는 것이었다. 아버지의 모습이 너무 싫었지만 보고 배운 것이 그것 밖에 없다보니 아버지처럼 말하고 행동하게 된 것이었다. 실제로 사람들은 약 70% 정도 부모의 의사소통 스타일을 따라하게 된다고 한다. 결국 여자친구는 떠나갔고 이런 방식이 몸에 배어 있다 보니 직장 동료, 선후배들과도 그리 원만치 않은 관계를 맺고 살아가고 있었다.

그런데 위기협상교육을 받으면서 그동안 내가 말하고 행동하고 사고하는 방식이 모두 잘못된 것이었다는 것을 깨닫게 되었다. 아버지가 잘못 가르쳐 주셨던 것을 교육을 통해 바로잡기 시작한 것이다. 결국 오랜 교육과 수련을 통해 그 이전과는 180도 다른 방식으로 사람들을 대하게 되었다. 부부관계만 하더라도 협상교육 이전에는 거의 매일 싸웠다면 교육 이후 지난 8년간은 큰 부부싸움을 거의 한 적이 없다. 직장 동료들 하고도 그 전에는 대립각을 세우는 일이 많았다면 교육 이후에는 매우 우호적인 관계를 유지하고 있다.

이렇듯 대화와 협상능력이 늘어나다 보니 주변 사람들하고의 관계가 크게 개선되고 그에 따라 하는 일도 잘 풀리고 삶의 만족도도 크게 높아진 것을 몸소 체험하고 있다. 필자가 확신하건데, 여러분들도 협상의 기술을 몸에 익힌다면 필자와 같은 경험을 하게 될 것이고 이전과는 달라진 새로운 인생을 살 수 있을 것이다.

04 인생은 '관계'의 바다이고, 인간은 누구나 협상가이다!

　인생은 거대한 협상테이블이라고 할 수 있다. 아침에 눈을 뜨면 김치찌개를 먹을 건지 된장국을 먹을 건지를 아내와 협상하기 시작해서 직장에 나가서 직장상사, 동료들과 계속해서 협상을 해야 한다. 나 아닌 다른 사람과 함께 살아가는 한 아침에 눈을 떠 저녁에 잠자리에 들 때까지 협상의 연속인 것이다. 따라서 인생을 살아가는 사람들은 모두 협상가라고 할 수 있다.

　그리고 우리의 인생은 다른 사람들과 무수히 많은 관계를 맺으며 살아가는 '관계'의 바다라고 할 수 있다. 이 관계의 바다를 잘 헤쳐나가기 위해서는 관계에 대한 공부가 반드시 이루어져야 하는데 대부분의 사람들이 이것에 대해 잘 알지 못하고 있는 실정이다. '관계의 바다'를 건너가는데 '관계'에 대해 모른다는 것은 태평양을 건너면서 수영 영법을 모르는 것과 같다. 어떤 사람들은 선천적으로 개헤엄이라도 할 줄 알아서 건너갈 수도 있겠지만 대부분의 사람들은 제대로 된 영법을 모르다 보니 바다를 무사히 건너지 못하게 된다.

　강의시간에 '카네기 인간관계론'을 읽은 사람 손들어보라고 하면 겨우 몇 명만 손을 들거나 아예 아무도 손을 들지 않는 경우가 대부분이다. 거대한 관계의 바다를 건너면서 관계에 관한 ABC인 '카네기 인간관계론'도 읽지 않은 사람들이 많은데 관계에 관해 깊은 지식을 쌓은 사람은 얼마나 되겠는가?

협상도 결국에는 인간사이의 '관계'에 관한 것이고, 이 관계를 어떻게 잘 맺을 것인가에 관한 것이기 때문에 협상을 제대로 이해하기 위해서는 '관계'에 관한 공부가 반드시 선행되어야 한다.

그레고리 번즈는 『상식 파괴자』에서 '빈센트 반 고흐'와 '파블로 피카소'를 비교하고 있다. 두 사람 모두 현대 미술사에 큰 족적을 남겼다는 공통점이 있다. 고흐는 대표작으로 〈별이 빛나는 밤에〉를, 피카소는 〈게르니카〉를 남겼다. 이들의 작품은 모두 경매시장에서 1억 달러를 호가한다. 이처럼 두 사람 모두 미술계의 거목이었음에도 그들은 서로 판이하게 다른 인생을 살았다. 피카소는 살아 생전에 부와 명예를 모두 누렸으나 고흐는 평생을 외톨이에 가난뱅이로 살았다. 피카소는 사망 당시에 남긴 유산이 7억 5,000만 달러에 달했으나 고흐는 땡전 한 푼 남기지 못했다.

왜 이런 차이가 발생했을까? 그것은 두 사람이 주변 사람들과 형성한 '관계'의 차이 때문이다. 고흐는 폴 고갱과 언쟁 끝에 자신의 귀를 잘라버릴 정도로 주변 사람들과 '관계'를 맺고 살아가는데 어려움을 겪었다. 반면 피카소는 주변에 항상 여자들이 있었고 사교적이며 정치적이기까지 했다. 인간 관계에 능했던 것이다.

여러분은 외롭고 고독하게 살다가 사후에 유명해지고 싶은가 아니면 지금 살아 있을 때 돈도 벌고 행복하게 살고 싶은가? 모든 열쇠는 '관계'에 달려 있다. 지금 당장 '관계'에 관한 공부를 시작해야 한다.

05 인간관계 스팩트럼의 끝을 경험하다!

인관관계의 스팩트럼이 난이도에 따라 쭉 펼쳐져 있다고 할 때 경찰이 경험하는 위기상황은 오른쪽 맨 끝에 위치해 있다고 할 수 있다. 인간관계의 가장 극단적인 상황을 경험하는 것이다. 위기상황에서는 누군가를 죽이거나 자신이 죽을 수 있기 때문에 이 관계가 마지막이 될 수 있는 상황인 것이다. 그런데 경찰이 아닌 일반인들은 평생을 살면서 이런 상황과 한 번도 맞닥뜨리지 않을 수도 있는데 과연 이에 대해서 배울 필요가 있을까?

네덜란드 출신인 거스 히딩크 감독은 2002년 월드컵에서 우리나라를 4강에 올려놓은 신화적인 인물이다. 그런데 이렇게 훌륭한 성적을 거둔 히딩크 감독도 대표팀 감독으로 처음 부임했을 때는 좋은 성적을 거두지 못했다. 초창기에는 다른 나라 대표팀과 경기만 하면 5:0으로 져서 한동안 별명이 '오대영'이었었다.

하루는 기자들이 물었다. '계속해서 대패하고 있는데 어떻게 할 생각이십니까?' '저도 국민들에게 이기는 모습을 보여주려고 하면 그렇게 할 수 있습니다. 약한 나라 대표팀을 불러다 경기를 하면 손쉽게 이길 수 있겠지요. 그리고 국민들을 잠시동안 행복하게 할 수 있을 겁니다. 하지만 월드컵 본선에서 우리가 만날 팀들은 결코 약하지 않습니다. 유럽의 강호들과 맞서 싸워 이길 수 있으려면 지금부터 강팀들과 겨루어 자꾸 깨져 봐야 합니다. 쉬운 팀들을 상대로 손쉬운 승리를 거두는 것은 스스로를 기만하는 일입니다. 저는 지금 당장 국민들의 쓴소리를 듣더라도 계속해서 강팀들과 싸워서 우리 대표팀의 내성을 키우도록 하겠습니다.'

히딩크 감독이 남긴 어록은 이것 말고도 많이 있지만 이것은 정말 너무 훌륭한 말씀이 아닐 수 없다. '약자를 상대로 손쉬운 승리를 거두는 것은 스스로를 기만하는 것이다!' 여러 번 곱씹어도 매우 의미심장한 말이다.

관계에 있어서도 가장 극단적이고 어려운 상황에 대해 공부하고 이에 대처하는 방법을 익힌다면 일반적인 상황은 훨씬 더 쉽게 느껴질 것이고 실제로 더 쉽게 해결할 수 있을 것이다. 이런 차원에서 일반인들도 평생동안 위기상황을 실제로 경험할 가능성이 적다하더라도 위기협상에 대해 공부하는 것이 의미가 있을 수 있다는 것이다.

06 위기상황에 어떻게 대처해야 할까?

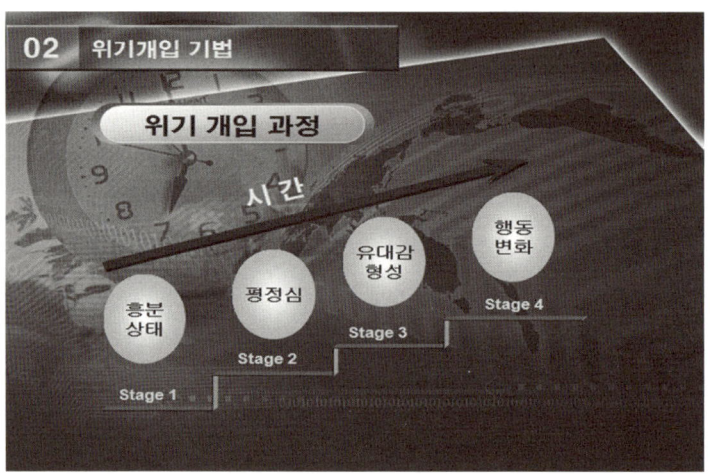

누군가 나에게 화를 내든, 술을 먹고 난동을 부리든, 인질을 붙잡고 인질극을 벌이든, 아니면 자살하려고 절벽에서 뛰어내리려고 하든 간에 상황을 처리하는 방식은 위의 절차를 따라야 한다. 어떤 경우에는 단 몇 분 만에 상황이 끝나는 경우도 있고 어떤 경우에는 며칠씩 걸리는 경우도 있다. 그러나 길던 짧던 간에 위기상황을 처리하는 방식은 위의 절차를 따라야 한다. 이 책에서 설명하는 여러 가지 사항들도 모두 이 절차에 따라 사건을 해결하기 위한 것들이다.

위 그림은 매우 단순하지만 이 절차를 하나하나 수행해 나가기 위해서 알아야 할 지식들은 너무나도 방대하다. 한두 번 강의를 들었다고 해서 되는 것도 아니고 책 몇 권 읽었다고 해서 되는 것도 아니다. 위기협상은 단순히 지식을 습득한다고 되는 것이 아니라 스스로의 감정을 통제하고 다스릴 줄 아는 도량이 있어야 하고, 다른 사람의 아픔을 공감하고 이해하며 신뢰감을 얻어 궁극적으로 행동변화를 이끌어 낼 수 있어야 하기 때문에 이에 대한 지식을 얻었다 하더라도 현실에서 이를 구현해 내는 것은 매우 어려운 노릇이다.

부부싸움을 예로 들어 보자. 남편과 부인이 서로 핏대를 세워가며 싸움을 하고 있다. 남편은 아내가 매일 집안일은 팽개쳐 놓고 동네 아줌마들과 찜질방에 호프집에 놀러만 다닌다고 야단한다. 아내는 그러는 당신은 매일 술 먹고 돌아다니고 언제 아이들 공부하는 거 신경써 준 적 있냐고 맞받아친다.

그런데 이 남편은 다른 남편들과 달리 얼마 전에 위기협상교육을 받았다. 위기상황이 발생하였고 상대방이 흥분상태에 빠진 것이다. 물론 남편 자신도 흥분하고 있다. 우선 상대방을 통제하기 위해서는 나를 통제해야 한다. 깊은 숨을 들이키고 'Control Yourself'를 속으로 되뇌인다. 그렇게 자기 자신을 먼저 진정시킨 후에 상대방이 평정심을 찾게 해야 한다. 그렇게 하기 위해서 '적극적 청취기법(Active listening Skill)'을 사용하여 아내가 말을 할 수 있도록 유도한다.

남편이 아내와 맞서서 핏대를 세우며 싸울 때는 아내의 이야기가 들리지 않았는데 자신의 입을 다물고 아내의 말을 주의깊게 듣기 시작하자 아내의 말이 들리기 시작했다. 그렇게 열 받게만 만들던 아내의 말에 일리가 있는 부분이 있었다. 그래서 그런 부분에 대해서는 동의를 하고 아내의 화난 마음을 알아주기 시작하자 아내의 목소리가 점차 낮아지기 시작했다.

이제 어느 정도 평정심을 찾았으니 유대감(Rapport)을 형성해야 하는데 부부이기 때문에 지금은 비록 싸우고 있지만 기본적인 유대감을 가지고 있다. 따라서 3단계는 생략하고 4단계로 넘어갈 수 있다. 마지막 단계에 가서 남편이 아내에게 양보할 부분은 양보하고 사과할 부분은 사과한 후 아내도 이런 부분은 양보해 달라고 하자 아내도 선선히 그러겠다고 한다. 부부싸움이 파국으로 치닫지 않고 평화적으로 해결된 것이다.

 인질상황이든 자살상황이든 기본적으로 위와 같은 틀에 의해 상황을 처리하게 된다. 그런데 위에서 설명한 것처럼 이 과정을 하나하나 밟아 나가는 것이 생각만큼 간단하지 않고 알아야 할 요소들이 매우 많은데 지금부터 이런 것들에 대해 하나씩 알아보도록 하자.

07 Fact-Oriented(사실 주도) vs Emotion-Oriented(감정 주도) 대화방식

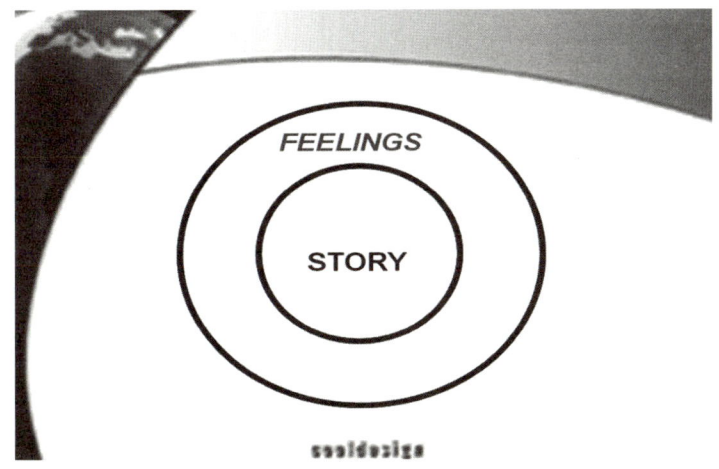

협상은 대화로 하는 것이기 때문에 우선 협상가의 대화방식이 점검되어야 한다. 인간의 뇌는 좌뇌와 우뇌로 구성되어 있는데 좌뇌는 이성, 논리의 영역을 담당하고 우뇌는 감정, 언어 등의 영역을 담당한다. 남성은 주로 좌뇌가 발달되어 수리, 논리 등의 영역에 강하고 여성은 우뇌가 발달되어 언어, 정서 영역에 강하다. 따라서 대화하는 방식도 남성들은 Fact(사실)위주로 하는 경향이 있다.

'화성에서 온 남자, 금성에서 온 여자'의 저자인 존 그레이 박사는 남자와 여자가 집안에서 문제가 발생하여 대화를 하게 되면 남자는 'Mr. Fix-it hat(수리공의 모자)'를 쓴다고 한다. 그래서 여자가 무슨 이야기만 하면 수리공의 모자를 쓰고 문제에 대한 'Solution(해결책)'을 제시하려고 한다. 그러나 여자들은 어떤 문제를 해결해 주기를 바라는 것이 아니라 그저 들어주기만을 바라는 경우가 많다. 그런데 남자는 여자의 마음은 몰라주고 자꾸만 해결책 위주로 이야기하다보니 대화가 겉돌게 되는 것이다.

위의 그림처럼 대화는 자세히 살펴보면 이야기하는 사람이 전달하고자 하는 사실(스토리)과 감정으로 구성되어 있음을 알 수 있다. 그런데 스토리가 계란의 노른자라면 감정은 흰자로 감정이 스토리를 둘러싸고 있기 때문에 이 계란을 제대로 먹기 위해서는 감정의 문제를 먼저 건드려 주고 스토리에 접근해야 하는 것이다.

아래 대화를 통해 'Fact-Oriented 대화방식'과 'Emotion-Oriented 대화방식'의 차이점을 살펴보자. 김영숙(가명, 40세) 실장은 어느 백화점 고객상담실장으로 일하고 있다. 김실장은 매일같이 백화점에서 구매한 물건이나 서비스에 대해 불만을 제기하는 고객들을 상대하느라 매우 지쳐있는 상태이다. 그런데 하루는 과장이 부르더니 '고객들의 민원이 너무 많다. 부서 평가에서 우리가 꼴지를 했다.'고 하면서 다음 달까지 민원을 절반으로 줄이지 않으면 다른 지역으로 발령을 내겠다.'고 하는 것이 아닌가? 화가 머리 끝까지 났지만 과장님에게는 차마 입도 뻥긋하지 못하고 집으로 돌아와 남편에게 이야기한다.

영숙 : '자기야, 오늘 회사에서 과장님이 나보고 실적이 나쁘다고 한달내에 민원을 절반으로 줄이지 않으면 다른 지역으로 발령을 낸대…'
남편 : '영숙아, 너는 직장생활하는 내내 불평불만인데 고마 때려치고 집에서 애나 봐라마!'

영숙은 황당한 표정으로 남편을 째려보다 다시 말을 꺼낸다.

영숙 : '아참, 작년에 고모부가 교통사고로 돌아가신 이후로 매주 내가 전화를 해주고 있었는데 지난 주는 깜빡하고 전화를 안 했네!'
남편 : '고모가 한 두 살 먹은 애가? 니가 전화 안 해도 잘 산다마! 걱정도 팔자네…'

영숙의 얼굴이 붉으락푸르락 한다.

이 대화를 'Emotion-Oriented'로 살짝 틀어보자.

영숙 : '자기야, 오늘 회사에서 과장님이 나보고 실적이 나쁘다고 한 달 내에 민원을 절반으로 줄이지 않으면 다른 지역으로 발령을 낸대…'

남편 : '아니 뭐야! 당신 너무 황당했겠다. 뭐 그런 놈이 있어? 한 달만에 어떻게 민원을 절반으로 줄여? 야, 당신 진짜 열 받았겠는데…'

영숙이 이어서 또 이야기한다.

영숙 : '아참, 작년에 고모부가 교통사고로 돌아가신 이후로 매주 내가 전화를 해주고 있었는데 지난 주는 깜빡하고 전화를 안 했네!'

남편 : '야, 당신은 직장에서 그렇게 스트레스 받으면서도 고모까지 챙기고 정말 정이 많은 사람이야, 이리와 봐!' 하고는 안아주면서 등을 토닥여 준다.

살짝만 틀었을 뿐인데도 듣는 사람입장에서 얼마나 차이가 나는지를 알 수 있을 것이다. 그런데 남자들이 'Emotion-Oriented' 대화방식이 좋은 걸 알게 되더라도 이런 방식으로 대화하는 것은 여전히 쉽지가 않다. 뇌 구조가 그렇게 생겨 먹었기 때문이다. 따라서 훈련과 부단한 연습을 통해 인위적으로 'Emotion -Oriented' 대화방식으로 바꿔주어야 한다.

에리히 프롬이 '사랑의 기술'에서 '사랑은 마음에서 우러나와서 하는 것이 아니다.' 사랑을 하기 위해서는 첫째, 지식, 둘째, 연습, 셋째, 지속적 관심이 필요하다고 했는데 대화술 또한 그냥 저절로 우러나와서 하는 것이 아니라 올바른 대화방법에 대해 알고, 이를 연습하고 지속적으로 관심을 가져주어야만 진정으로 내 것이 되는 것이다. 필자의 경우도 협상기법을 접하고 한 삼년 정도 지나서야 내 것이 되는 것 같았다.

08 설상가상의 회초리(Double Whammy)

'Whammy'는 회초리라는 뜻이고, 'Double Whammy'는 회초리를 두 대 맞는다는 말이다. 우리말로는 '설상가상', '엎친 데 덮친 격' 정도로 해석될 수 있을 것이다. 사람들은 일반적으로 어떤 사람이 위기상황에 봉착하여 난동을 부리거나 죽으려고 할 때 어떤 한 가지 큰 일 때문에 그러는 것으로 생각하는 경향이 있다.

예를 들어 내연녀가 5천만 원을 떼어 먹고 도망을 간 경우에 이 남자는 돈을 떼였기 때문에 화가 났구나 하고 단정 짓고 더 이상의 원인을 탐색하려는 작업을 멈추고 이 문제를 해결하는데 초점을 맞추려고 한다. 그리고 수능시험을 망친 학생같은 경우에는 수능시험을 못 봐서 죽으려고 하는구나 하고 단정지으려고 한다. 물론 이런 일들이 대상자로 하여금 위기상황에 서게 한 촉발적 사건(Precipitating Event) 임에는 틀림없다. 그러나 인간은 그렇게 나약한 존재가 아니기 때문에 한 가지 어려운 일이 닥쳤다고 해서 바로 쓰러지지는 않는다. 적어도 회초리를 두 대 이상은 맞아줘야 쓰러지기 시작한다.

따라서 위기상황에 선 사람을 만나게 되면 그 사람이 내가 어떤 일 때문에 화가 나서 이런 일을 벌이고 있다고 하더라도 그것 말고 대상자를 힘들게 한 다른 일이 있지는 않은지 다시 한 번 물어보아야 한다. 내연녀에게 돈을 떼인 사람의 경우에는 단순히 내연녀에게 돈을 떼인 것만 아니라 회사에서 잘리고 은행에서 자신이 사는 집을 경매에 넘기려고 하고 있을 수 있다. 그리고 수능시험을 망쳐 자살하려고 하려는 학생의 경우에는 단순히 시험을 망친 것 이외에 엄마와의 갈등, 아버지와 어머니의 이혼, 친구들 사이에서의 따돌림 등 여러 가지 문제가 있을 수 있다. 그러므로, 어려움에 처한 사람들을 만나면 단순히 눈 앞에 보이는 현상만으로 판단하려고 하지 말고 그 이면에 감추어져 있는 모습들을 찾아내려고 노력해야 한다. 'Double Whammy'를 명심하도록 하자!

09 인간은 합리적 존재인가?

인간은 합리적 존재인가? 이 주제는 오래전부터 사회과학에서 주된 논쟁의 대상이 되어 왔다. 인간은 과연 합리적으로 판단하고 행동하는 존재인가? 물론 인간은 대개의 경우에 자신의 행동으로 인해 얻게 될 수익과 자신이 지불해야 되는 비용을 따져서 수익이 비용보다 큰 경우에 어떤 행동을 하게 된다.

그러나 인간은 합리적 존재이기 전에 감정적 존재이다. 위기상황에서 우리가 마주하게 되는 사람들은 특히나 강렬한 감정에 휩싸여 있기 때문에 인간이 감정적 존재라는 것을 먼저 인정하는 것이 중요하다. 인간이 감정에 휩싸이게 되면 이성의 뇌를 꺼버리게 된다. 그래서 어떤 사람을 좋아하게 되면 더 이상 그에 대해서 판단하지 않게 된다. 감정이 지배하면 합리적 이성이 뒤로 후퇴하게 되는 것이다.

협상을 하려면 일정한 거래가 일어나야 하고 거래를 하려면 이성적인 판단을 할 수 있어야 한다. 그런데 감정이 지배하고 있으면 이성적 판단이 어렵기 때문에 일단은 강렬한 감정을 진정시키고 난 후에야 협상이 가능하다.

필자는 지인들과 함께 대학로 한 소극장에서 '몽타쥬'라는 연극을 본 일이 있다. 이 연극은 유홍준이라는 연쇄살인범과 그의 몽타쥬를 그려낸 한 여성 작가 사이에서 벌어지는 사건을 그린 작품이었다. 이 여성 작가는 2001년도에 연쇄살인범에 의해 자신의 아버지가 살해를 당하셨다고 믿고 아버지를 죽인 범인을 잡기 위한 일념으로 살인범 몽타쥬 제작에 매달렸고 그 결과 범인의 얼굴과 똑같은 몽타쥬를 그리기에 이르렀는데 이 몽타쥬를 본 범인이 어떻게 자신을 한 번도 보지 않고 그렇게 똑같이 그려냈는지 궁금해 하게 되고 결국은 이 작가를 찾아오게 된다.

범인은 이 작가를 찾아오기 전에 그녀를 좋아하는 조형사의 여동생을 납치하여 감금하여 놓은 상태였고 작가의 집에 침입했을 때 같이 있던 형사에게 동생을 감금하고 있는 사실을 말하자 형사는 급격히 흥분하여 욕을 하면서 동생이 있는 곳을 빨리 말하라고 하자 연쇄살인범은 차가운 비웃음을 지으면서 '아니지, 그렇게 흥분하면 이성적인 대화가 불가능해! 흥분하면 협상이 안 되지!'라고 하는 것이다. 일반적으로 현장에서 대상자가 흥분해서 날뛰더라도 협상가는 평정심을 유지하면서 대상자의 흥분을 가라앉히도록 해서 냉정을 찾으면 협상을 하도록 해야 하는데 이 연극에서는 그와는 정반대로 경찰이 격앙되어 소리를 지르고 범인은 침착을 유지하면서 오히려 경찰을 가르치고 있는 것이다.

그렇다. 인간은 흥분해서 감정이 앞서면 이성적인 판단을 할 수 없기 때문에 진정한 협상이 이루어지기 위해서 먼저 평정심을 찾도록 해야 한다. 그런데 누군가 나에게 소리를 지르면서 비난을 하면 평정심을 유지하는 것이 말처럼 쉽지만은 않다. 이럴 때 유용한 방법이 다음과 같은 주문을 외우는 것이다.

"Control yourself!!! Control yourself!!!"

필자는 습관적으로 누군가가 나에게 화나는 말을 하면 숨을 크게 들이키면서 'Control yourself!, Control yourself!'하고 주문을 외운다.

애써서 설거지 해 줬더니 여기저기 물 다 튀었다고 하거나 직장 상사가 말도 안 되는 이유로 결재를 반려해도 항상 이 주문을 외운다.

　화가 났을 때 욱하는 대로 입에서 말을 내뱉으면 나중에 후회하게 될 말을 하게 될 가능성이 크다. 화가 났을 때 바로 행동하지 말고 잠시 멈추어 주는 게 좋다. 이 방법 이외에 화가 나는 말을 들었을 때 일부터 열까지 세는 것이다. 열을 다 셀 때까지 아무런 행동을 취하지 않는다. 그러면 열을 세는 동안 어느 정도 화가 가라앉는다. 열 받는 일이 생겼을 때 바로 반응하지 말고 심호흡을 크게 하면서 천천히 1부터 10까지 세도록 해보자. 순간의 분을 참으면 천일의 근심을 면할 수 있으리라…

 10 이성 vs 비이성

비즈니스 협상과 위기협상은 여러 가지 면에서 차이가 난다. 우선 기본적으로 비즈니스협상의 목적은 거래관계에서 내가 어떤 이득을 취하려는데 목적이 있다. 수직 팍이 8천억 짜리 물건을 8억에 달라고 하는 것처럼… 이에 반해 위기협상은 내가 이득을 취하려는 것이 아니라 다른 사람을 살리려는데 목적이 있다. 물론 협상이라는 공통분모를 가지고 있기 때문에 유사한 점도 많이 있지만 기본적인 다이나믹에 있어서 다소간의 차이가 있다. 그리고 협상 당사자들이 비즈니스 협상은 이성적인 사람들이지만 위기협상에서는 한쪽은 비이성적이고 한쪽은 이성적이다.

KBS 아침마당 목요특강에서 한 신부님께서 방청객들에게 사람들이 결혼하면 왜 부부싸움을 하는지 아느냐고 물으셨다. 신부님 말씀이 사람들은 누구나 성숙한 자아와 미성숙한 자아를 가지고 있는데 결혼하기 전에 연애할 때는 상대방에게 성숙한 자아를 보여주기 때문에 둘이 싸울 일이 적다는 것이다. 남자는 여자에게 멋지고 남자다운 모습을 보여주려고 노력하고 여자는 남자에게 다소곳하고 여성스러운 모습을 보여주려고 노력한다는 것이다.

특히 여자의 경우 웃을 때도 입을 가리고 웃고 방귀라는 것은 절대 뀌지 않고 이슬만 먹고 살 것 같은 모습을 보여주려고 한다. 그러다가 결혼을 해서 침대에 누우면 둘이만 눕는 것이 아니라 미성숙한 자아까지 넷이 눕는다. 이제는 그동안 꽁꽁 숨겨왔던 미성숙한 자아를 꺼내 서로 만나게 하기 때문에 싸움이 시작된다는 것이다. 타인을 배려할 줄 모르고 자신의 욕구만 충족하려고 하는 애들이 만났기 때문에 싸움이 된다는 것이다. 그런데 우리나라의 경우는 이 넷만 침대에 눕는 것이 아니라 시아버지, 시어머니, 시누이, 올케까지 모두 같이 눕는 것 같다. 그러니 침대 다리가 안 부러지겠는가…

그런데 협상이라는 것도 이런 구조로 설명할 수 있다. 지금 난동을 부리고 있는 대상자는 미성숙한 자아가 전면에 나와 날뛰고 있는 것이고 협상가는 성숙한 자아를 내세워 어른이 애를 달래듯이 설득을 해야 하는 것이다. 그런데 앞에서 애가 날뛰면 내 애를 뒤에 숨겨두기가 매우 어렵다. 내 애도 같이 나가서 그 애와 같이 놀고 싶어 안달을 하기 때문이다. 누군가 나에게 소리를 지르고 자극하면 평정심을 유지하고 있기가 매우 어려운 것이다.

연극 '몽타쥬'에서 흥분해서 날뛰는 조형사에게 연쇄살인범 유홍준이 비웃듯이 '흥분해서 이성을 상실하면 협상이 안 되지!', '둘 중 어느 하나가 소리를 지르기 시작하면 대화는 끝이 났다고 봐야지!'라고 하면서 협상의 ABC를 가르치는 장면이 나온다. 필자도 협상 교육 10년 만에 범인이 형사에게 협상에 대해 가르칠 수 있다는 사실을 처음 알았다.

그렇다. 제대로 된 협상이 이루어지려면 대상자는 흥분한 상태이더라도 협상가만은 평정심을 유지해야 하는데 이것이 쉬운 일이 아니기 때문에 자신의 분노조절, 감정조절 훈련이 먼저 이루어져야 한다.

11 해결 vs 해소(Ventilation)

많은 사람들이 협상에 임할 때 대상자가 가진 문제에 대한 해결책을 제시하는 데 초점을 맞춘다. 물론 대상자가 가진 문제를 해결해 줄 수 있는 진정한 해결책을 가지고 있다면 얼마나 좋겠냐마는 대부분의 경우에 대상자의 문제를 그 자리에서 단번에 해결하기는 매우 어렵다. 돈을 떼먹고 도망간 내연녀를 잡아 오기가 쉽다면 대상자가 내연녀 집에까지 쳐들어와서 칼을 들고 난동을 부리고 있겠는가? 수능시험을 망쳐서 좌절하고 있는 학생의 시험을 대신 쳐줄 수도 없는 노릇이 아닌가?

존 그레이 박사가 'Mr. Fix-it hat'을 쓰고 해결책을 찾으려고 하지 말고 아내의 감정을 먼저 들어주라고 한 것처럼 해결책을 찾는 것은 뒤로 미뤄두고 일단 대상자의 화난 감정을 먼저 들어주어야 한다. 이것을 전문용어로 'Ventilation(배출)'이라고 하는데 'Ventilation'은 '환기'을 의미하는 것으로 실내공기가 배출되지 않고 오랫동안 막혀 있으면 답답해서 질식하게 되는 것처럼 인간의 감정도 적절히 배출되지 않으면 응축되어 폭발하게 되어 있다.

전 세계 다른 나라에는 없고 우리 나라에만 있는 질병이 있다. 바로 '화병'이라는 것인데 특히 가부장적 환경에서 사시던 우리 어머니들이 많이 걸리는 병이었다. 예전에는 시집을 가면 대놓고 '귀머거리 삼년, 벙어리 삼년'이라고 하면서 불만이 있거나 억울한 게 있어도 입 다물고

소처럼 일만 하라고 강요받았다. 뭐라도 조금이라도 말을 할라치면 시어머니의 불호령과 남편의 손찌검이 날아왔다.

이렇게 하고 싶은 말이 있어도 꾹 참고 가슴 깊숙이 눌러놓다보니 병이 안 걸릴래야 안 걸릴 수가 없었다. 이처럼 가슴 속의 감정들은 적절히 배출되지 않으면 나중에 곪아 터질 수 있기 때문에 적절히 배출시켜주어야 한다. 그런데 물을 받아 주려면 내 앞에 상당히 큰 그릇이 있어야 한다. 그릇이 작으면 금방 넘쳐 버리기 때문이다.

일전에 필자가 감정 코칭 교육을 받는데 강사님이 감정코칭을 받으면 '명현현상'이 온다는 것이다. 명현현상이란 어떤 곳이 안 좋아서 한약을 먹으면 한동안은 독이 올라와서 안 좋은 부위가 더 안 좋게 느껴지는 현상을 말한다. 감정코칭을 받으면 엄마들이 그동안 '지성아, 숙제는 했니? 알림장 써왔어? 너는 누구 닮아서 그 모양이냐?'하던 것을 '지성이가 숙제가 하기 싫었나 보구나…', '지성이가 조금 귀찮았나 보구나.'한다는 것이다. 그러면 아이들은 처음에는 우리 엄마가 왜 이러지 하다가 야단을 안 치니까 더 제 멋대로 하게 되고 한 일주일쯤 지나면 그동안 참아왔던 것이 메가톤급으로 폭발해서 '야 이놈아, 공부는 뭐 하러 하니, 아예 이놈의 자식, 그럴거면 학교 가지마!'하고 더 크게 화를 낸다는 것이다.

그래서 아이들이 강사님을 찾아와서 '선생님, 엄마한테 감정코칭 교육받아서 제 감정코칭하려고 하지 마시구요, 엄마감정이나 잘 코칭하라고 하세요!'하고 부탁을 한다고 한다.

이처럼 내 그릇이 작으면 상대방의 감정을 받아주다가 금방 넘쳐 버리기 내 앞에 큰 드럼통을 준비하라고 한다. 내 그릇이 커야 하는 것이다. 따라서 좋은 협상가가 되기 위해서는 일단 내 그릇을 크게 닦는 작업이 선행되어야 한다. '수신제가치국평천하'라고 일단 나부터 제대로 가다듬어 놓아야 남을 살릴 수 있는 것이다.

12 협상의 주도권을 잡으려면 주도권을 낮이라.

 사람들은 대부분 상대방을 설득하기 위해서 협상 주도권을 쥐려고 한다. 협상의 주도권을 쥐고 있어야 상대방을 더 잘 설득할 수 있을 것 같은 생각이 들기 때문일 것이다. 그러나 아이러니 하게도 협상의 주도권을 쥐려고 하면 할수록 설득은 멀어져만 간다. 우리가 궁극적인 목표가 있지만 여기에 너무 집착하면 오히려 목표를 이루지 못하는 것과 같다.

 필자는 오래전부터 사격에 남다른 소질이 있어서 경찰대학에서부터 경찰교육원에 이르기까지 늘 사격으로 상을 탔었고 경위 때는 지방청 대표로 전국경찰관 사격대회에도 2번 출전하고 경감 때는 현직 선수로는 뛸 수 없어 경찰교육원 사격감독으로 2차례 출전하는 등 사격과 많은 인연이 있었다. 그런 연유로 사격 훈련은 남들보다 많이 하게 되었는데, 사격에서는 표적지의 중앙에 있는 십자가를 맞히는 것이 궁극적인 목표이지만 그렇게 하기 위해 조준을 한 상태에서 표적이 선명하게 보이면 총알은 여지없이 빗나가게 된다. 표적 한가운데를 맞히려면 조준선 정렬을 정확히 보고 표적은 흐릿하게 보여야 한다. 표적을 맞히고 싶지만 표적에 너무 집착하면 표적을 맞힐 수 없는 것이다. 결국 표적을 내려놓아야 하는 것이다. 그러기 위해서는 욕심을 버려야 한다.

 골프에서도 같은 맥락이 작용한다. 골프공은 움직이지 않고 가만히 서 있기 때문에 테니스나 베드민턴 등 다른 운동에 비해서 더 쉬울 것이라고 생각할 수 있지만 막상 실제로 해보면 움직이는 공을 맞히는 것보다 가만히 서있는 공을 맞히는 것이 더욱 어렵다는 것을 알게 된다. 왜 그런 것일까? 움직이는 공은 움직이기 때문에 내가 오래 생각할 여유없이 반응을 해야 한다. 생각하다보면 공이 지나가 버리기 때문에 그럴 여유가 없이 그냥 반사적으로 공을 쳐야만 한다. 그러나 서 있는 공은 나에게 생각할 시간을 너무 많이 주기 때문에 오히려 공을 맞추기가 더 어렵다. 공을 보고 있으면 잘 쳐야겠다는 욕심이 생기고 그런 시간이 길어지면 길수록 스윙은 더 빗나가고 만다. 사격에서도 조준선을 너무 오래 잡고 있으면 손이 떨리고 시야가 흐릿해져서 오탄이 나게 되는 것과 같은 이치다.

결국 너무 꽉 쥐지 말아야 하는 것이다. 그것을 강렬히 원하면 원할수록 꽉 움켜지지 말고 내려놓아야 하는 것이다. 예전에 KBS 아침마당에 출연한 보이스 컨설턴트가 자신이 살아온 이야기를 하면서 지방에서 상경하여 어렵게 생활하면서 성악과에 입학하여 교수님 앞에서 노래를 부르는데 잘 하고자 하는 마음에 잔뜩 힘을 주고 노래를 했더니 교수님께서 하시는 말씀이 "철수야(가명), 내려 놓고 해"라고 하셨다고 한다. 그 강사는 당시에는 내려놓고 하라는 말이 무슨 말인지 잘 몰랐는데 세월이 많이 흐른 후에 내려놓으라고 하는 말이 무슨 의미인지를 깨달았다고 한다.

노래를 잘하고 싶은 마음은 누구나 같지만 그곳에 도달하기 위해 그런 욕심을 내려놓아야 한다는 것을 깨닫는 사람은 많지 않다. 욕심이 생기는 것은 자연스러운 현상이고 이를 조절하고 나아가 초월하게 되는 것은 인위적으로 많은 노력과 수련을 해야 가능한 것이기 때문이다. 그래서 득음의 경지가 도달하기 어려운 것인가 보다.

 이와 마찬가지로 대화와 협상에서 상대방을 설득해서 내가 원하는 바대로 이끌어 가고 싶은 마음은 누구나 갖고 있지만 이를 위해 정작 주도권을 내려놓아야 한다는 것을 아는 사람은 많지 않다.

 상대방을 설득하기를 원하는가? 그렇다면 대화의 주도권을 내려 놓아라!!!

13 나를 내려놓고 상대의 관점에서 대화하라.

필자가 어느 대학에 지원을 한 일이 있었다. 마침 내가 잘 아는 선배 한 분이 그 학교에서 교수를 선발하는 부서의 장으로 있었는데 그동안 왕래가 뜸했었기 때문에 선뜻 찾아가서 그런 부탁을 할 만한 사이가 아니었다. 그렇다고 해서 선배를 한 번 찾아가지도 않으면 면접을 볼 수 있는 3배수에 들기도 어려운 상황이었기에 나는 용기를 내어 선배를 찾아갔다.

미리 전화로 약속을 잡고 약속한 시간에 선배의 사무실 문을 두드렸다. 부속실 직원의 안내에 따라 선배의 방에 들어서서는 선배에게 반갑게 인사를 하고 사무실을 살펴보았다. 사무실 창틀에는 빼곡하게 단풍나무 묘목들이 작은 화분들에 심어져 있었다. 나는 선배님에게 그동안 어떻게 지내셨는지를 물어본 후에 이 화분들이 어떤 화분인지를 물어보았다. 그랬더니 선배는 자기 자리를 박차고 일어나서 신이 나서 나무들에 대해 설명하기 시작했는데 이 학교가 몇 년 후에 다른 곳으로 이전하기로 되어 있어서 이곳의 추억들을 모으고 있다고 했다. 예나 지금이나 참 낭만적인 분이셨.

그 얘기를 듣고 나는 내가 예전에 전경대장을 하던 시절에 부대에 연못을 파고 화분을 만들고 장미터널, 심지어 휴게공간을 배모양으로 만들기도 했다는 얘기를 하자 선배도 신이 나서 각종 나무와 식물들, 정원 조경에 대해 이야기를 하기 시작했고 잠시 후 자신이 시골에서 작은 별장을 만들어 놓고 심어 놓은 각종 꽃과 식물들을 찍은 사진을 보여주었다.

그렇게 우리는 서너 시간동안 이야기꽃을 피웠고, 선배님이 저녁회의를 들어갈 시간이 되어 대화를 끝마치려 했는데 선배는 못다 한 이야기들이 아쉬웠는지 주말에 시간 있으면 자신의 별장에 한번 내려와 보지 않겠냐고 했다. 나는 그러겠다고 하고서 주말에 그곳에 내려가서 선배와 함께 선배가 심은 꽃과 식물들을 보고 맛있는 삼계탕도 얻어 먹고 즐거운 시간을 보내다 집으로 돌아왔다. 결국 내가 그 학교에 최종적으로 선발되지는 않았지만 선배와 나는 깊은 우정을 쌓게 되었기 때문에 나는 좋은 친구를 하나 얻었고 가끔 놀러 갈 수 있는 별장도 생겼다고 할 수 있다.

그리고 한 번은 저자가 지방청 회의에 외부위원으로 참석할 일이 있어서 갔는데 어느 과장님 방에서 회의가 진행된다고 했다. 지방청 계장들을 포함한 위원들이 다 모이자 과장님 방에 들어갔는데 과장님은 지난 밤에 당직을 서서 그런지 매우 피곤해 보였고 눈은 온통 빨갛게 충혈되어 있었다. 과장님 상태로 봐서는 오늘 회의가 정상적으로 진행되기 어려워 보였다.

그런데 과장님이 앉아 계신 뒤편 벽에 기차가 계곡들 사이로 달리는 사진 한 장이 걸려 있었는데 계장님들 중 한 분이 과장님에게 "과장님 저 그림이 어떤 그림입니까?"하고 질문을 했고 이 질문을 받은 과장님은 "아, 이 그림요?"하더니 다 죽어 가시던 분이 갑자기 벌떡 일어나서 지휘봉까지 빼 들고서는 그림을 짚어 가면서 입에 침을 튀겨 가며 설명을 하기 시작하셨다.

과장님 말씀의 요지는 자신이 강원도 서장을 하고 있을 당시에 저 기차가 분단이후에 최초로 물자를 싣고 북으로 가는 기차인데 자신도 그 기차와 함께 북으로 가 보았는데 길가에 중·고등학생으로 보이는 아이들이 군복을 입고 있길래 저 아이들은 왜 저기 서있느냐고 했더니 안내원이 저 사람들은 아이들이 아니고 성인인 군인들이라고 했다고 한다. 북한 주민들이 워낙 못 먹어서 군인들도 그렇게 체구가 작은데 TV에 나오는 북한군들은 그나마 큰 사람들을 보여주는 것이라고 하면서 북한의 처참한 참상을 한참동안 이야기하시는 것이었다.

그 사진은 역사의 한 페이지에 그 분이 서 있었다는 것을 증언해 주는 귀한 사진이었고 과장님은 그 사진에 대해 대단한 자부심을 느끼고 있었던 것이다. 그리고 이 질문을 한 계장님은 내가 관심있는 것이 아닌 상대가 관심이 있는 것에서 대화를 시작했기 때문에 다 죽어가던 분을 불러 일으켜 세울 수가 있었던 것이다.

미국에서 협상요원이 인질상황에 출동을 했는데 그 사건을 일으킨 범인이 배관공이었다고 한다. 이를 알게 된 협상요원이 범인에게 자신의 집도 배관이 잘 막히는데 어떻게 하면 좋을지에 대해 물었고 그 범인은 신이 나서 배관에 대해 자세히 설명을 해 주었다고 한다. 협상요원은 그 배관공의 해박한 전문지식과 기술에 대해 칭찬해 주었고 사건이 종결된 이후에 그 범인은 나중에 자신이 교도소에서 나오면 협상요원 집의 배관을 수리해 주고 싶다고 말했다고 한다. 그 협상요원이 실제로 그 범인에게 자신의 집 배관수리를 맡길지는 모르겠으나 범인이 자신을 잡으러 온 경찰에게 원한을 품지 않고 더 나아가서 그 집 배관을 수리해 주고 싶다는 마음을 먹은 자체가 매우 고무적인 일이 아니라고 할 수 없다.

💬 14 Time is on our side!!! - 시간은 우리 편.

협상에서 시간의 중요성은, 특히 충동적인 인질극인 경우, 아무리 강조해도 지나치지 않다. 평상시 아무 일 없이 일상생활을 영위하는 사람들과 달리 위기 상황에 서 있는 사람들은 비교적 짧은 시간(몇 시간 정도) 안에 태도가 바뀔 수 있다.

대부분의 위기 상황이 촉발적 사건(Precipitating Event)을 매개로 일어나는데 이것은 마치 화로에 갑자기 기름을 확 부어 넣은 것과 같아서 순식간에 활활 타오르게 되는데 뜨겁게 타오르는 만큼 연료가 소모되면 자연히 불길이 사그라지게 되어 있다.

그래서 협상에서 문제해결(Problem Solving)보다 감정배출(Ventilation)이 더 중요하다고 하는 것이다. 사람의 감정이라는 것이 자동차와 비슷해서 계속해서 굴러가기 위해서는 연료가 필요한데 연료가 지속적으로 공급되지 않으면 언젠가는 자연히 스스로 멈추게 되어 있다. 감정적으로 극도로 흥분한 사람이 미쳐 날뛸 때 이에 맞대응을 해 주지 않고 가만히 놓아두면 언젠가는 제풀에 지치게 되는 것이 바로 연료가 바닥나기 때문이다. 그런데 그렇지 않고 누군가가 계속해서 감정을 자극하는 말을 하게 되면 지속적으로 연료를 공급하는 것과 같은 형국이 되는 것이다. 따라서 당신이 위기 협상에 대해서 아무것도 아는 것이 없다면 차라리 아무런 대응을 하지 말고 그저 시간이 지나가기만을 기다리는 자체로 효과가 있을 것이다.

시간이 흘러감에 따라 사람들은 기본적인 욕구와 필요가 늘어가고 이것들이 충족되어야만 한다. 시간이 지나가면 사람인 이상 배가 고파지고, 목이 마르며, 피곤해지고, 화장실에 가고 싶어지며, 담배를 피우고 싶다거나, 약물에 중독된 환자라면 약이 필요하게 된다. 이렇게 되면 처음에는 협상을 거부하던 대상자들도 협상가와 의사소통 채널을 구축할 필요를 느끼고, 자신의 요구 사항을 충족시켜 줄 수 있는 사람은 협상가밖에 없다는 사실을 인식하면서 시간이 흐를수록 협상의 헤게모니가 대상자에서 협상가 쪽으로 넘어가게 된다.

시간이 지나게 되면 스톡홀름 신드롬이 발생할 가능성이 점점 커진다. 그런데 스톡홀름 신드롬과 관련해서 일반인들이 착각하고 있는 것 중 하나는 남자 인질범이 여자 인질을 잡으면 자연스럽게 스톡홀름 신드롬이 일어나는 것처럼 생각하는 경향이 있는데 – 이는 아마도 영화에서 인질범과 인질 사이의 사랑을 많이 묘사한 영향인 듯하다 – 실제로는 스톡홀름 신드롬은 그렇게 자주 발생하는 것이 아니다. 범인이 인질에게 신체적 위해나 모욕감을 주었다거나, 평소부터 잘 알고 지내는 사이라면 발생하지 않는다는 것이다. 따라서 가정 폭력이나 개인적인 다툼이 위기 상황으로 발전한 경우에는 스톡홀름 신드롬을 걱정하지 않아도 된다.

위기 협상에서 대개의 경우 시간은 우리 편이다. 따라서 사건 현장에 임하게 되면 조급한 마음을 갖지 말고 충분히 시간을 끈다는 생각을 가지고 협상에 임하는 것이 좋다.

"Time is on our side! Time is on our side! Time is on our side!"

"시간은 우리 편이다."

💬 15 '나' 내려 놓기

아주 먼 옛날에는 태양이 지구를 중심으로 돈다고 믿은 적이 있었다. 그냥 보기에는 내가 있는 지구를 중심으로 태양이 동쪽에서 떴다가 서쪽으로 지는 것으로 보이기 때문에 태양이 지구를 도는 것처럼 보일 수 있다. 그러나 코페르니쿠스가 등장하여 과학적으로 관측한 결과 지구가 태양 주위를 도는 것을 발견한 이후로 기존의 통념이 깨지게 되었다.

그런데 우리의 주관적 세계에서는 세상이 어떻게 돌아가는 것일까? 과연 태양을 중심으로 내가 돌고 있을까? 아니다. 우리의 주관적 세계에서는 나를 중심으로 태양을 비롯한 모든 사물이 돌고 있는 것이다. 인간은 누구나 세상에서 가장 중요한 것이 자기 자신이기 때문에 모든 사물이 나를 중심으로 돌아가지 타인을 중심으로 돌아가지 않는다. 그런데 위기상황에서 협상에 임하는 사람들은 세상의 중심인 나를 내려놓고 협상에 임해야 한다.

지금 이 순간 중요한 것은 자신의 가치관이 아니라 난동을 부리고 있는 상대방의 가치관이다. 나의 가치관과 나의 세계관을 들고 대상자와 대화에 임하는 순간 상대방을 비난하고 질책하게 된다. 성적을 비관하여 자살하려고 옥상에 선 여학생이 있었다. 이 여학생은 반에서 1, 2등을 다투는 우수한 학생이었는데도 시험을 조금이라도 못 보면 엄마에게 엄청나게 야단을 맞았다. 그러다가 어쩌다가 또 시험을 망치게 되자 엄마에게 혼날 것이 너무도 두렵고 걱정이 되어서 고민하다가 결국 벼랑 끝에 서게 된 것이다.

그런데 이 학생에게 다가온 사람이 '학생, 학생이 죽게 되면 걱정할 엄마를 생각해 봐!'라고 하자 바로 뛰어내려 버린 일이 있었다. 그리고 또 다른 사례에서 한 학생이 성적비관으로 뛰어내리려고 옥상 난간에 앉아 있었는데 경찰관이 와서 대화를 시도하였다. 경찰관은 왜 그러는지 아저씨에게 이야기를 좀 해 보라고 하였고 그 학생은 '나한테는 아무도 없어요. 내가 죽어도 아무도 걱정하지 않을 거예요.'라고 했다. 그런데 여기에 대고 경찰관은 '학생이 여기서 이러면 담임선생님이나 친구들이 걱정할 거야.'라고 하는 것이다. 이 학생이 분명히 '내게는 아무도 없다. 아무도 날 걱정하지 않는다'라고 이야기했는데도 '담임선생님과 친구들이 걱정할 거다'라고 말하고 있는 것이다.

왜 이런 현상이 발생할까? 진정으로 상대방의 입장에서 그 사람의 이야기에 귀기울이고 있지 않기 때문이다. 협상을 하는 사람이 아직도 나의 가치관, 나의 생각에만 집중하고 있기 때문에 상대방의 이야기가 귀에 들어오지 않는 것이다. 위기협상을 하는 사람은 협상에 임하기 전에 나의 가치관, 나의 생각, 나의 기준들을 모두 내려 놓고 가야 한다. 이런 것들을 모두 내려놓고 진정으로 상대방의 눈으로 세상을 바라보려고 할 때 진정한 공감을 할 수 있고 나아가 라포를 형성할 수 있는 것이다.

예전에 한 SF 영화에서 본 장면인데 주인공들이 어떤 외계 행성에 갔다가 특이하게 생긴 총을 하나 발견하게 되었는데 이 총은 사람을 죽이는데 사용되는 것이 아니라 상대방의 관점을 바꾸는데 사용되는 것이었다. 이 총을 상대방에게 쏘게 되면 그 사람은 자신의 관점(Point of view)을 잊어 버리고 상대방의 관점에서 이야기하게 되는 것이다.

그래서 예를 들어 '당신은 월급은 쥐꼬리만큼 벌어오면서 매일 술만 마시고 늦게 들어오고, 주말에 아이들하고 놀아주지도 않는다.'라고 이야기하는 아내가 이 총에 맞으면 '당신은 우리 가족을 먹여 살리기 위해서 밤낮으로 열심히 일하고 있고, 가족들과 함께 하고 싶지만 업무상 어쩔 수 없이 그 싫은 술을 마시고 주말에 아이들과 놀고 싶지만 너무 피곤해서 잠을 좀 잘 수밖에 없는 거야…'라고 스스로 놀라면서 상대방의 입장에서 말을 하게 된다.

이런 엄청난 기술이 우리에게 있어서 모두 이 총을 사용할 수 있다면 얼마나 좋겠는가만은 현실적으로 불가능한 일이니 의도적 노력을 통해서 자신의 관점을 내려놓고 상대방의 관점에서 이야기하는 훈련을 통해 이런 것이 가능하도록 할 수 밖에 없다.

16 비난은 부메랑이다!

1930년대 미국에 경찰관을 비롯해 많은 사람을 살해한 '쌍권총 크로올리'라는 범죄자가 있었다. 크로올리는 쌍권총으로 많은 사람들, 심지어 경찰관까지 살해했지만 자기의 잘못을 뉘우치거나 자신을 비난하지 않았다. 그는 자신은 온화한 사람이며 단지 자신을 지키려고 한 것뿐인데 이렇게 되었다고 주장했다.

20세기초 미국 거대 갱단의 보스로 군림하면서 마약을 유통시키고 많은 사람을 살해한 알 카포네 역시 자신은 사회를 위해 평생을 받쳤는데 자신에게 돌아온 것은 차가운 비난과 범죄자라는 낙인뿐이라고 주장했다.

일반적으로 흉악한 범죄자라고 믿는 사람들도 자신을 비난하지 않을진대 조무라기 범죄자들이나 일반적인 사람들은 어떠하겠는가? 어느 심리학 교수님이 교도소에 있는 범죄자들과 인터뷰를 하여 보았더니 그들 중 어느 누구도 진심으로 자신을 비난하는 사람은 없었다고 한다. 범죄자들을 포함한 모든 인간들이 스스로 '자신이 옳다'라고 생각하고 있기 때문에 살아가고 있는 것이라고 한다. 하긴 그도 그럴 것이 자신이 잘못되었다고 스스로 생각하면 스스로 목숨을 끊든 할 것이 아닌가?

범죄학에 보면 중화의 기술(Neutralization)이라는 것이 있다. 범죄자들은 자신을 비난하는 사람을 비난하고 사회의 주류 가치관을 부정하면서 자신의 범죄를 정당화하며 자신의 범죄행위에 대한 죄책감을 없애버리거나 최소화한다. '에이, 부자들도 다 어디선가 어떤 놈 등쳐서 이 돈을 벌었을 거니까 내가 좀 가져가도 괜찮아. 정치하는 놈들이고 기업회장이고 전부 썩었는데 뭐 어때? 나만 나쁜 놈은 아니잖아!' 등의 자기합리화를 한다. 그런데 이런 기술은 범죄자들만 쓰는 기술이 아니다. 일반 사람들도 통상의 규범에서 어긋나는 행동을 할 때는 머릿속으로 스스로 이런 정당화 작업을 거치게 되어 있다.

필자도 사회생활을 하다가 불온부당한 무리들을 만난 적이 많이 있다. 특히 다른 사람을 괴롭히는 일을 도와달라거나 혐의가 없는 사람에게 혐의를 씌워달라는 등의 부당한 부탁을 하여 거절한 일이 있는데 이 일이 있는 후부터 필자에게 부당한 부탁을 했던 사람들이 있지도 않은 일을 만들어가며 필자를 비난하고 다닌다는 소리를 들어 실소를 금할 길이 없었다. 실로 많은 사람들이 누군가가 자신을 비난하면 자신의 잘못을 뉘우치기 보다는 상대를 역공하려고 한다. 이것도 어찌 보면 상호성의 법칙이 작용하는 것이라고 할 수 있다. 상대방이 나에게 'Negative Input'을 했으니 나도 'Negative Input'을 하는 수밖에…

사람들은 비난을 받는 순간 방어기재가 작동하여 역공의 칼날을 세우기 때문에 비난이라는 것은 상대와 나의 관계만 멀어지게 하고 나중에 부메랑이 되어 나에게 돌아와 상처를 주게 된다. 카네기 인간관계론에서 '가급적 논쟁을 하지 말고 논쟁을 하더라도 이기지 말라'고 하는 이유가 여기에 있는 것이다. 논쟁에 진 사람은 상대방의 논리가 더 뛰어났다는 것을 표면적으로는 인정할 수밖에 없지만 뒤돌아 서서는 자신을 누르고 망신 준 사람을 좋아할 리 없다는 것이다.

부부들도 서로를 자주 비난하는 사람들은 결혼생활을 오래 유지하기 어렵다. '부부싸움은 칼로 물베기'라는 속담이 있지만 실제로는 전혀 그렇지가 않다. 배우자들이 서로에게 한 말은 가슴 깊이 상처로 남게 되고 언젠가는 심리계정(Mental Account)의 균형을 맞추기 위해 복수를 하게 된다. 싸우면서 서로에게 한 말들은 비수가 되어 가슴깊이 새겨지고 이것들은 세월이 지나도 잘 지워지지 않는다. 그래서 많은 부부들이 아이들이 클 때까지 참다가 아이들이 크고 나면 황혼이혼을 하는 것이다.

비난을 해 봐야 뉘우치는 사람이 거의 없는데 다른 사람을 비난해 봐야 무슨 소용이 있겠는가? 괜시리 서로간의 관계만 나빠지게 만들 뿐이다. 상대를 비난하고 싶어지면 호흡을 멈추고 속으로 'Control yourself!'를 계속 되뇌이자! 이 마법의 주문이 당신으로 하여금 비난의 칼싸움을 피할 수 있게 할 것이다.

17 공감 vs 동정 (Empathy vs Sympathy)

예전에 어떤 TV 토크쇼 프로그램에서 남성 출연자가 나이트클럽에서 부킹녀가 왔는데 아무리 이야기를 해도 둘 사이의 공통 관심사를 찾을 수가 없었지만 우연히 두 사람이 같은 회사 비데제품을 사용하고 있다는 걸 알게 되었고 이 비데의 특징에 대해 둘이 크게 공감하면서 말문을 틀 수가 있었다고 한다. 이 비데의 특징은 물줄기가 너무 세어서 일을 보고 비데를 틀면 너무 아파서 자연스럽게 몸을 비틀게 된다는 것이다.

그리고 16년간 베스킨라빈스 사장을 역임한 밥 휴드섹은 늘상 사람들에게 이런 질문을 받았다고 한다. '31가지 아이스크림 중에 어떤 걸 제일 좋아하세요?' '당신은 어떤 걸 제일 좋아하세요?' '저는 스트로베리요.' '아, 저도 그걸 제일 좋아합니다.' 밥은 누구를 만나든 자신이 어떤 걸 좋아하는지 먼저 말하지 않고 그 사람이 좋아하는 걸 좋아한다고 했다고 한다.

필자가 예전에 근무하던 충북의 한 경찰서에 아주 유능한 조사관이 있었다. 다른 조사관들은 조사를 하다가 민원인들과 큰 소리를 내고 싸우는 경우도 있고 그로 인해 진정을 당하는 일도 심심치 않게 있었지만 이 조사관만큼은 조사를 할 때도 조용하고 조사를 받고 돌아가는 사람들이 모두 웃는 얼굴로 돌아가기 때문에 진정 따위와는 거리가 멀었다.

하루는 필자가 이 조사관에게 그렇게 조사를 잘하는 비결이 뭔지 물었다. 이 조사관은 멋쩍게 웃으면서 필자에게만 조용히 비법을 알려주었다. 일단 이 조사관은 피고소인이 오면 '아유, 아주머니 어서 오셔유, 저기 청원군 두원리 분이시네?' '아예, 두원리 아셔유?' '아유, 알다마다요, 제가 두원리 바로 옆 동네 살았어유! 아 왜 그 두원리 마을 어귀에 감나무 큰 거 세 개 있잖아유?' '예, 있죠' '제가 거기 지나서 바로 옆 동네에 어릴 때 살았어유.' '아 그럼, 고향분이시네유.' '아 아주머니 반갑습니다. 우리 고향분이신데 제가 잘 해드릴께유. 그래 어쩌다 이렇게 되셨어유?' 그럼 이 피고소인이 조사관이 고향사람이라 잘 해 줄 걸로 믿고 자신이 한 일을 술술 분다고 한다.

'아 그러셨구나, 제가 고향분이께 잘 해 드릴께유. 살펴 가셔유.' '예, 아주 감사해유. 수고하셔유.' 이러고 큰 절을 꾸뻑하고 돌아간다고 한다. 그리고 다음 사람이 온다. '아 아줌씨는 제천 봉양리 분이시네?' '아예, 봉양리 아셔유?' '아 예, 제가 어릴 때 봉양리에서 좀 더 가서 단양 살아잖아유. 봉양리 마을 어귀에 큰 느티나무 있죠?' '예, 있어요.' '아, 우리 고향분이시네, 반가워유. 제가 잘 해 드릴께. 근데 어떻게 된 거예유?'

이렇게 하면 또 이 피고소인이 술술 분다고 한다. 이게 엄밀히 따지면 사기 같은데 하여간 이 분은 이런 방법으로 큰 소리 한 번 내지 않고 조사를 한다고 한다. 같은 고향사람이라는 점을 이용해 공감대를 형성하였던 것이다.

이처럼 공감은 상대방과의 라포형성을 위해 반드시 필요하며 대화에서 상대방과 나와의 공통요소를 찾아내는 것은 대화를 풀어 가는데 있어서 결정적인 역할을 한다. 따라서 상대방과 대화의 물꼬를 트기 위해 서로간의 공감대를 찾아내기 위해 노력할 필요가 있다. 그런데 공감을 제대로 된 방식으로 하지 못할 경우 상대방에게 동정으로 들릴 수가 있는데 만약 상대가 자신을 불쌍하게 여기거나 깔보는 듯한 느낌을 받게 되면 도리어 라포형성에 방해가 될 수 있다.

에릭(가명, 35세)이라는 남성이 성매매 여성들을 집안으로 불러들였다가 이들을 인질로 붙잡고 있다고 신고가 들어왔다. 스티브(가명, 37세) 형사는 현장으로 가장 먼저 출동해서 주변 사람들에게 에릭에 대해 물어본 결과 에릭의 아내가 어린 아들을 남기고 바람이 나서 도망갔다는 이야기를 들었다. 사태를 어느 정도 파악한 스티브는 에릭의 현관 문 앞으로 다가가 에릭에게 말을 걸었다. '이봐요, 내가 안으로 들어가서 당신이랑 얘기하고 싶소!' '그럼, 총을 밖에 두고 들어오시오.' 스티브는 총을 모두 바닥에 내려 놓고 안으로 들어간다. 에릭은 스티브에게 뒤에 있는 블라인드를 내리라고 한다. 스나이퍼들이 총을 쏘지 못하게 하기 위해서이다.

에릭은 한 여성의 목을 휘감고 총을 겨누고 있었고 벽 쪽으로는 옷매무새가 흐트러진 다른 여성이 겁에 질린 표정으로 눈물을 흘리고 서 있다. 에릭은 몹시 흥분한 상태였고 불안한 듯 계속해서 여기저기를 살폈다. 스티브는 최대한 침착을 유지하며 '당신이 지금 어떤 일을 겪고 있는지 내가 잘 알고 있다. 나 또한 같은 일을 겪었다.'고 했다. '내 아내도 나를 떠나갔다. 그 여자는 내 아들도 데려가 버렸다.'라고 하자 에릭은 '여자들은 항상 모든 걸 가져가 버린다.'라고 맞장구를 쳤다. '맞아, 여자들은 모든 걸 가져가 버려. 당신도 화가 나고 버려진 느낌

일거야. 나도 그랬거든. 하지만 무엇보다 내 아이가 보고 싶다…'고 하면서 눈물을 글썽인다.

그러자 에릭은 말을 잃고 한동안 회상에 잠기는 듯한 얼굴을 하다가 갑자기 표정이 일그러지기 시작했다. '야, 너 지금 거기 서서 대충 나를 이해하는 척하면 내가 너랑 공감대를 형성해서 인질들을 놓아줄 거 같냐? 내가 그렇게 가볍게 대해도 되는 상대 같아? 내가 얼마가 심각한지 보여줘?'라고 하더니 벽 쪽에 서 있던 여성에게 총을 발사한다. 여성은 외마디 비명을 지르며 쓰러졌다. 스티브는 이 상황에 너무나 놀라고 화가 나서 에릭에 '뭐하는 거야, 이 개자식아!'하고 소리를 질렀다. 이 때 뒤쪽에서 방문이 빼꼼히 열리더니 어린 아이가 '아빠 뭐하세요?'라고 하자 에릭은 고개를 돌려 아이에게 '얘야, 방에 들어가 있어. 아빠 여기서 얘기 좀 해야 해'한다. 스티브는 이 순간을 놓치지 않고 블라인드를 확 잡아 뜯었다. 순간 밖에서 대기하던 스나이퍼들이 에릭을 쏘아 넘어뜨린다.

스티브 형사는 자기 나름대로 상대방과 공감대를 형성하기 위해 노력했지만 상대방이 예상 밖의 반응을 보이면서 상황이 비극적으로 끝나고 말았다. 공감과 동정의 경계는 아주 모호하기 때문에 조금이라도 어긋나서 상대방이 공감을 동정으로 받아들이게 되면 오히려 역효과가 발생할 수 있으므로 매우 조심해야 한다.

18 궁극의 협상 대상자는 누구인가?

협상 대상자를 난이도에 따라서 쉬운 대상자에서부터 어려운 대상자까지 순서대로 구분한다면 누가 가장 어려운 대상자가 될까? 연쇄 살인범? 연쇄 강간범? 테러범? 이 사람들은 엄청난 일들을 저지른 사람들이기 때문에 언뜻 보아서는 협상하기 매우 어려운 사람들일 것 같지만 실제로 협상의 원칙과 이론들을 제대로 공부하고 충분한 시뮬레이션을 거친 후에 범인들과 협상을 해보면 그리 어려운 것만도 아니다. 이들에 대한 비난의 화살을 내려놓고 그들의 입장에서 공감하면서 열심히 경청해 주는 것은 하려고만 마음먹으면 사실 얼마든지 할 수 있다. 그리고 그들과의 협상은 길어도 8시간에서 12시간 안에는 끝이 난다.

이와 달리 우리의 배우자들의 비난과 원망의 대상은 나이기 때문에 모든 화살들이 다른 사람이 아닌 나에게 와서 꽂히게 된다. 그러면 사람인 이상 자연스럽게 그것들에 대해 반박하고 자기 방어를 하고 싶어진다. 그래서 반격에 나서게 되면 언성은 더 높아지게 되고 결국 싸움이 벌어지게 된다. 그리고 이 배우자들은 범인들과 달리 어디를 가지 않는다. 24시간, 아니 평생 동안 내 곁에 붙어 있을 수 있기 때문에 협상상황이 종료가 되지 않는 것이다. 미국에서 가장 길게 끌었던 애리조나 교도소 협상도 37일 후에는 종료가 되었는데 말이다.

그리고 남과 여는 태생적으로 서로 말이 통하기 어려운 부분이 있는 것 같다. 존 그레이 박사는 '남자는 화성에서 왔고 여자는 금성에서 왔다'고 가정해 보자고 한다. 박사의 가정대로라면 남자와 여자는 서로에게 외계인인 것이다. 그래서일까? 여러분들도 가끔씩 남자친구나 남편과 대화할 때 벽을 보고 대화하는 듯한 답답한 마음을 느낀 적이 있을 것이다. 같은 사람끼리 대화하는데 왜 말이 통하지 않는 것일까? 남녀에게 서로는 정말로 외계인인 것인가?

미국 노퍽 & 노위치 대학병원 연구팀이 이를 어느 정도 반증할 수 있는 실험을 실시하였다. 연구팀은 맥주, 축구처럼 남성의 사회적 활동과 연관이 깊은 단어들과 초콜릿, 쇼핑처럼 여성과 보다 밀접한 단어들을 한데 묶어 목록을 만든 후, 남성 40명, 여성 40명으로 구성된 실험참가자들에게 이 목록을 읽게 했다. 그 결과 남성 참가자들은 여성과 연관이 있는 단어보다 남성과 연관된 단어들을 더 정확히 기억해 내는 경향을 보였고 여성은 그 반대였다.

이에 대해 이비인후과 전문의인 존 필립스는 '환자들이 자신의 배우자가 자기가 듣고 싶은 것만 골라 듣는다는 불평을 자주하는데 이 연구를 통해 이러한 불만에 일리가 있음이 밝혀졌다.'고 말하였다. 남녀는 이처럼 서로 주된 관심사가 다르고 상대방이 이야기할 때 본인이 원하는 말만 골라듣는 습성이 있으니 서로 간에 원활하게 의사소통한다는 것이 쉬운 일은 아닐 것이다.

이러한 특성들 때문에 배우자와 사는 내내 평정심을 잃지 않고 협상가의 자세를 견지하면서 살아간다는 것은 실로 매우 어려운 일이라 할 것이다. 그동안 배우자와 부부싸움을 많이 하던 사람이 협상교육을 받고 나서 부부싸움을 하는 횟수가 크게 줄었다면 그 사람은 훌륭한 협상가가 되는 길에 성큼 다가섰다고 보아도 무방할 것이다.

제2부

협상 스킬

01 물꼬트기(Canalization) - 변죽을 두드려라!

위기협상에서 가장 어려운 것 중의 하나는 맨 처음 상대방과 대화의 물꼬를 트는 작업일 것이다. 대부분의 대상자들 입에서 처음 나오는 소리가 '저리 가라, 당신과 얘기하기 싫다!'이기 때문이다. 그래서 협상가 입장에서는 이렇게 잔뜩 가드를 올리고 대화를 거부하는 사람을 가드를 내리고 대화의 장으로 나오도록 하는 것이 매우 어려운 노릇이다. 그러면 어떻게 하면 나를 거부하는 상대방으로 하여금 나와 대화하도록 할 수 있을까?

어느 기자가 미국에서 오랫동안 토크쇼를 진행한 래리 킹에게 물었다. '사람들과 그렇게 대화를 잘 하시는 비결이 뭔가요?' 그러자 래리 킹은 그 기자에게 이렇게 다시 되물었다. '기자 양반, 만약 당신이 화재현장을 취재하러 나갔다면 현장에서 일하고 있는 소방관에게 뭐라고 하겠습니까?' '예? 아마도 저는 화재원인은 무엇인지, 최초 발화지점은 어디인지, 방화인지 실화인지 등을 물어볼 것 같습니다'라고 하였다. 래리 킹은 저라면 '아이구 소방관 아저씨, 이 어려운데서 벌써 몇 시간째 고생을 하고 계십니까?' 라고 먼저 물어 볼 것입니다. 라고 답했다고 한다.

'아이구, 벌써 몇 시간째 이 고생을 하고 계십니까?'라고 하는 것이 뒤에서 설명하게 될 '감정상태 정의하기(Emotion Labeling)'이다. 핵심정보에 접근하기에 앞서 변죽을 두드린 것인데, 그냥 단순히 날씨 같은 것이 아닌 상대방의 감정상태를 알아줌으로써 대화의 물꼬를 더 쉽게 틀 수 있는 것이다.

당신이 에어콘을 판매하는 전자제품 매장에서 근무하고 있다고 가정해 보자. 에어콘을 사기 위해 손님이 매장으로 들어오면 다가가서 뭐라고 말을 걸겠는가? 일반적으로 직원들은 '안녕하세요? 에어콘 사러 오셨어요? 그럼 이 모델 어떠세요? 올 해 새로 나온 모델인데 디자인도 너무 잘 빠졌구요, 에너지 효율도 너무 좋아서 전기를 아주 적게 먹어요.'하면서 그 제품이 얼마나 좋은지를 설명하려고 애쓸 것이다. 그런데 사람들은 낯선 환경에 들어서게 되면 익숙해 지는데 시간이 필요하기 때문에 갑자기 핵심정보를 접하게 되면 이를 제대로 받아들이지 못하는 경향이 있다. 따라서 낯선 환경에 익숙해질 때까지 약간의 시간을 주는 것이 필요하다. 위의 상황에서는 손님에게 다가가서 본격적으로 에어콘에 대해 설명하기 전에 '고객님, 안녕하세요? 날씨가 많이 덥죠? 오시느라고 힘들지는 않으셨어요?'라고 하면서 일단 한담을 나누는 것이 좋다. 이렇게 해서 핵심정보에 다가가기 전에 예열을 좀 해주는 것이다.

다시 말해 본 게임에 들어가기 전에 변죽을 두드리라는 것이다. 운동선수들도 본격적인 운동을 하기 전에 근육이 강한 활동에 적응할 수 있도록 워밍업을 해주고, 자동차도 본격적으로 달리기 전에 예열을 좀 해 주어야 하듯이 사람들도 본격적인 대화를 하기 전에 워밍업하는 시간이 필요한 것이다.

설문조사를 할 때에도 전화를 하자마자 상대방에게 다짜고짜 질문을 던졌을 때보다 '안녕하세요? 식사는 하셨어요? 오늘 날씨 참 좋죠?' 등

한담을 조금 하였을 때가 응답률이 더 좋았다는 연구결과가 있다.

따라서 사람을 만나게 되면 곧바로 핵심주제에 관해 이야기하지 말고 우선 변죽을 두드리도록 하라!

02 표정으로 말하라!!!

동물은 자연상태에서 살아남으려면 상대방이 나에게 적대적인지 그렇지 않은지를 본능적으로 알아내야 한다. 동물들은 말을 할 수 없기 때문에 상대방의 동작과 몸짓, 숨소리, 눈빛 등을 보고 이것을 빨리 파악할 수 있는가 그렇지 못한가가 삶과 죽음을 결정할 수 있다. 인간도 동물이기 때문에 이런 비언어적 메시지를 파악하는 능력을 가지고는 있지만 언어를 발달시키면서 이러한 능력이 현저히 감퇴된 것이 사실이다. 하지만 연구결과들을 보면 인간은 메시지 전달을 위해 여전히 비언어적 표현에 많이 의존하고 있음을 알 수 있다.

사람은 언어적 표현(Verbal Language)과 비언어적 표현(Nonverbal Language)를 통해 메시지를 전달하는데 언어적 표현은 45%, 비언어적 표현은 55%의 메시지를 전달한다고 한다.

똑같은 말을 말하더라도 한쪽은 건조한 목소리로 영혼없이 '사랑해'라고 말하고 한쪽은 진심어린 눈빛과 영혼을 담은 목소리로 '사랑해!'라고 한다면 받아들이는 사람입장에서는 천지차이가 날 것이다.

협상가는 자신과의 대화를 거부하는 상대에게 다가가서 마음의 장벽을 무너뜨리고 대화의 장으로 끌어내어 라포를 형성하고 궁극적으로 행동변화를 이끌어내야 하기 때문에 상대의 마음의 장벽을 허무는 것이 중요한데 이 때 비언어적 표현이 이 장벽을 허무는데 중요한 역할을 하게 된다.

비언어적 표현에는 그 사람이 풍기는 인상, 느낌, 자세, 태도 등도 포함되는데 이런 것들에서 진정으로 나를 도우려는 마음이 느껴지면 자신도 모르게 세웠던 방어막을 내리고 자신의 영역 안으로 협상가를 받아들이게 된다.

모니카 무어는 히치하이킹 실험을 하였는데 똑같이 매력적인 외모를 가진 여성이 길가에 서서 지나가는 차량을 얻어 타는 것이었다. 한 여성은 고개를 든 채 어깨를 뒤로 젖히고 가슴을 앞으로 내밀고 표정도 행복하면서 자신감 넘쳐 보였다. 다른 여성은 지나가는 차에게는 눈길도 주지 않고 잔뜩 구겨진 표정으로 팔짱을 끼고 있었다. 운전자들은 누구에게 차를 세워주었을까? 당연히 앞 여성이었다.

남성들은 여성들의 외모에 유혹당한다기 보다 여성이 보내는 신호, 흘깃 바라보기, 가벼운 미소, 손으로 머리를 쓸어 넘기면서 비스듬히 기울이기 등의 동작에 반응을 보이는 것이었다. 동물이 살아남기 위해 상대방의 미세한 신호에 민감한 반응을 보이는 것처럼 사람도 대화의 내용만으로 상대를 판단하는 것이 아니라 자신감 있는 태도, 제스쳐, 열정 등을 중요하게 생각한다.

이렇게 상대의 장벽을 무너뜨리는데 큰 도움이 되는 것 중 하나가 미소이다. 엘러트 멜라비언은 메시지의 55%는 신체로 전달되는데 그 중 대부분은 얼굴에 나타나며 이 중에서 미소가 가장 효과적이라고 한다. 아름다운 미소는 상대의 경계심을 풀게 만들고 자신을 보호하기 위해 올리고 있던 가드를 내리게 한다. 또 웃음은 전염되기 때문에 내 웃음을 본 사람도 따라 웃게 할 수 있다.

최근 미국 인디애나주 드포대학교 헤르텐슈타인 교수 연구팀은 졸업

앨범에 담긴 사진으로 미래의 이혼 여부를 예측할 수 있다는 재미있는 연구결과를 발표했다. 연구팀은 고등학교 졸업 앨범에 담긴 학생들의 증명 사진 모습에서 다른 사람들을 즐겁게 만들 정도로 활짝 웃는 학생들은 불행해 보이는 학생보다 무려 5배나 이혼할 확률이 적다는 것을 알아 냈다. 헤르텐슈타인 교수는 '이혼한 사람들의 졸업앨범 사진을 보면 대체로 딱딱한 표정이거나 웃더라도 활짝 웃지 않는다. 남들에게 따뜻한 웃음을 주는 사람이 인간 관계도 더욱 오래 유지하는 것 같다.'고 말했다. 웃음이 절대적인 요소는 아니지만 인관관계에 있어서 매우 중요한 요소임을 밝혀준 연구결과라 할 수 있다.

그렇다면 웃음을 잘 웃을 수 있는 방법은 없을까? 과거 KBS 스펀지에서 미소훈련법이 소개된 적이 있다. 스펀지 제작진은 자신의 외모가 비호감이어서 성형수술을 하고 싶은 사람들을 모아서 2주간 미소훈련을 실시하고 'Before, After'를 비교하였다. 그런데 놀랍게도 수술없이 비호감이었던 참가자들이 너무도 아름다운 얼굴을 가지게 된 것이었다. 성형수술을 하였다면 약간의 부자연스러움을 느낄 수 있었을 텐데 그런 것 없이 너무도 자연스럽고 아름다운 얼굴로 바뀌어 있었다. 그리고 그렇게 되는데 단 2주일 밖에 걸리지 않았다.

이들이 받은 미소 훈련 중 핵심이 되는 것은 '개구리 뒷다리' 훈련법이다. 동양인은 서양인에 비해서 미소를 지을 때 축이 되는 양볼에 있는 근육이 약간 아래에 위치하고 있어서 가만히 있으면 입꼬리가 내려가 화난 사람처럼 보일 수 있다고 한다. 이에 비해 서양인은 이 지점이 약간 위에 있어서 조금만 웃어도 활짝 웃는 것처럼 보인다는 것이다. 그래서 동양인일수록 이 훈련을 통해 미소근육을 위로 당겨주어야 한다. 개구리 뒷다리 훈련에서는 경직된 얼굴 근육을 얼굴체조를 통해 풀어준 후 마지막에 '개구리 뒷다리'라고 말하면서 10초간 유지하는 것이다. 이렇게 2주일간 지속적으로 훈련을 하고 나서 사진을 찍어보면 비호감에서 호감형 얼굴로 바뀌게 된다.

이런 미소를 가지게 된다면 어떤 마음의 장벽이라도 무너뜨릴 수 있지 않을까? 난 타고난 얼굴이 그렇지 않아서 안 된다고 낙담하지 말고 열심히 훈련하면 누구나 이런 미소를 가질 수 있다. 자 다함께 '개구리 뒷다리~~~'

03 미세표정 관찰을 통한 거짓말 탐지

예전에 '거짓말의 탄생'이라는 영화가 있었다. 이 영화의 설정은 세상 모든 사람들이 거짓말을 할 줄 모른다는 것이다. 영화의 주인공은 조금 뚱뚱하고 별로 매력적이지 않은 중년 남성인데 친구가 소개해 주어 한 여성을 만나게 된다. 그런데 이 여성은 이 남자에 어울리지 않는 너무 예쁘고 매력적인 여성이었다. 주인공과 이 여성은 근처 식당에 앉아 이야기를 하게 되었는데 이 여성 왈, '나처럼 예쁘고 섹시한 여자가 당신처럼 땅딸하고 못생긴 남자하고 여기 앉아서 이러고 있는 이유가 뭘까요? 아마도 당신이 돈이 많으면서 명줄이 짧거나 아니면 당신을 소개해 준 내 친구와 관계를 망치기 싫어서겠죠.'라고 한다. 어이가 없는 상황이지만 세상 사람들이 모두 거짓말을 못하고 진실만을 말할 수밖에 없으니 어쩌겠는가? 주인공은 많이 당황했지만 이 여자가 쏟아내는 비수들을 그대로 받아들이고 있을 수밖에 없었다.

이 영화처럼 만약 우리가 진실만을 말할 수밖에 없다면 아마 하루도 제대로 살기 힘들 것이다. 사람들은 10분의 대화동안 평균 3번의 거짓말을 한다고 한다. 그러니 하루 종일로 따지면 얼마나 많은 거짓말을 하고 살아가겠는가?

현장에서 사람들은 어떠한 이유로든 거짓말을 하려 하기 때문에 협상가는 대상자가 거짓말을 하는지 그렇지 않은지를 잘 알아 낼 수 있어야 한다. 미국에서 인질 여러 명을 붙잡고 있던 남자가 기자와의 인터뷰를 할 때는 웃는 낯으로 잠시 후 인질들을 석방하겠다고 해 놓고 서 안으로 들어가 총으로 인질들을 모두 쏘아 죽인 일도 있었다. 우리나라에서도 자살기도자가 협상가에게 잠시 후 내려갈테니 시간을 달라고 하고서 뛰어내린 일이 있었기 때문에 협상가는 대상자의 진위를 파악할 수 있어야 한다.

그동안 거짓말을 탐지하는 가장 좋은 방법은 거짓말탐지기를 이용하는 것이었다. 지금은 기술이 발달하여 95% 이상의 정확도로 거짓말을 탐지해 낼 수 있지만 현장에서 거짓말 탐지기를 사용할 수 없는 노릇이기 때문에 미세표정을 통한 거짓말탐지 능력을 갖추고 있는 것이 필요하다.

미세표정을 통한 거짓말 탐지는 미국의 폴 에크만 박사가 개발하였다. 에크만 박사는 7-80년대에 폴리네시아 원주민들 표정을 연구하였다. 박사는 여자친구가 내 친구와 바람을 피운 상황이라든가 이웃이 내 가축을 훔쳐간 상황 등 여러 가지 상황을 원주민들에게 설명하고 그럴 때 어떤 기분이 드느냐고 묻고서 그들이 짓는 표정을 연구하였다. 오랜 연구 결과 인간이 특정한 상황에서 느끼는 감정은 동일하며 그 감정을 느낄 때 사용하는 얼굴의 미세근육들이 모두 동일하다는 것이다. 다시 말해 폴리네시아 원주민이나 문명인인 뉴요커나 어떤 감정을 느낄 때 같은 얼굴 근육을 사용한다는 것이다.

에크만 박사는 이 점에 착안하여 행복, 슬픔, 놀람, 화남, 두려움, 역겨움, 경멸 등 인간이 특정 감정을 느낄 때 사용하는 미세근육들을 파악하였는데 대부분의 사람들은 감정 변화가 생길 때 이와 관련된 근육들을 사용하게 되지만 사회생활을 위하여 관리된 표정을 보여주기 때문에 이 표정들이 순식간에 나타났다 사라지게 된다. 이런 표정들은 보통 1/4에서 1/5초 사이에 나타났다 사라지게 때문에 미세표정(micro expression)이라고 한다. 사람들은 본심을 숨기기 위해 미세표정이 나타난 후 바로 관리된 표정을 보여주는데 이 미세표정을 읽을 수 있다면 그 사람의 본심을 알 수 있는 것이다.

예를 들어, 소개팅을 주선한 사람이 친구에게 소개해 준 사람이 마음에 드냐고 물어보면 겉으로는 웃으면서 마음에 든다고 하더라도 미세표정이 화남이나 역겨움을 나타낸다면 그 사람의 본심은 만족해하고 있지 않다는 것을 알 수 있게 된다. 음식솜씨 없는 아내가 정성껏 끓인 김치찌개 맛이 어떠냐고 남편에게 물었을 때 남편은 웃으며 '응, 맛있어!'라고 하지만 미세표정에서 짜증, 화남의 반응이 나타났다면 요리학원을 다니든 좀 더 잘 할 수 있는 메뉴로 바꾸어야 할 것이다.

〈표 1〉 거짓말의 일반적 지표들

지표	구체적 단서들
각성 상태	동공 확장, 말실수, 음성 고조, 눈 깜박임, 피부전도반응 증가
인지적 복잡성	동공 확장, 말 주춤거림, 문장 고치기, 표현행동 감소, 반응시간 감소
자기-통제 노력	덜 즉흥적인 행동(계획된 듯이 보임), 현 상황에 대한 관여도가 낮아 보임. 지나치게 유창함. 의사소통 채널들간의 괴리, 즉각적이지 않은 표정
정서적 반응	미소 지속시간, 어댑터 행동 증가, 부정적 문장 사용 증가
신체적 반응	몸을 움직이기, 자세 바꾸기, 어깨 으쓱하기, 발/다리의 움직임
말	말의 앞뒤가 맞지 않음, 이전에 했던 말을 기억 못함, 말의 길이

주. 어댑터 행동은 말하는 동안 귀·코·머리·손가락 등을 만지거나 긁거나 발을 까딱거리는 등 자기도 모르게 신체부위를 조작하는 행동을 말한다.

미국 드라마 'Lie to me'에 보면 미세표정을 통한 거짓말탐지로 어떻게 사건을 해결할 수 있는지가 잘 설명되어 있다. 어느 날 흑인교회에한 곳에 폭탄을 설치한 테러범을 FBI 요원들이 붙잡아 온다. 폭탄은 앞으로 4시간 후에 폭발하도록 시한 장치가 되어 있는데 FBI요원들은 어느 교회에 설치되어 있는지 몰라 발만 동동 구르고 있었다. 그렇다고 이 시간 내에 주내에 있는 모든 교회를 다 수색할 수도 없는 노릇이었다.

결국 FBI 는 라이트만 박사(에크만 역) 박사에게 도움을 요청하고 박사가 테러범을 인터뷰하러 온다. 테러범은 변호사와 함께 앉아 있는데 테러범에게 묵비권을 행사하여 한 마디도 하지 말라고 하고 있다. 박사는 지금부터 질문을 몇 가지 할텐데 대답하기 싫으면 하지 않아도 좋다고 한다. '우선, 나라면 이왕이면 좀 큰 교회에 폭탄을 설치할 것 같습니다, 어때요?' 그러자 테러범의 얼굴에 기쁨의 미세표정이 지나간다. 큰 교회는 아니라는 의미이다. '그렇다면 작은 곳이라는 의미인데 사우스브릿지인가요?' 또 다시 범인의 얼굴에 기쁨의 미세표정이 지나간다. '이곳은 아니군요, 그럼 로튼인가요?' 이 말을 들은 범인의 얼굴에 당황, 화남의 미세표정이 나타난다. 라이트만 박사는 FBI 요원들에게 로튼에 있는 작은 흑인교회를 수색하라고 하고 2시간 후 이 교회 지하실에서 시한폭탄을 발견하여 해체한다. 미세표정을 통한 거짓말탐지로 수 백명의 목숨을 구하는 순간이다.

드라마에서는 작가가 에크만 박사의 이론을 상상력을 발휘하여 현실 세계에 접목, 사건들을 잘 해결하지만 거짓말탐지라는 것이 말처럼 그렇게 쉬운 것은 아니고 과거와 달리 매우 과학적인 방법으로 접근하고는 있지만 여전히 과학과 예술의 교차점에 존재하는 기법이기 때문에 이 책을 잠깐 읽었다거나 교육을 몇 시간 받았다고 해서 본인의 탐지율이 높아졌다고 생각해서는 안 된다. 어설프게 배웠다가는 선무당이 사람잡는 일이 발생할 수 있고 때로는 거짓말인지 모르고 적당히 속고 사는 것이 더 행복할 수 있다.

특히 부부들 사이나 가족간에는 서로에게 허물이 있더라도 어느 정도 덮어 주고 넘어갈 수 있어야 관계가 유지될 수 있다. 극중에서도 라이트만 박사에게 사춘기 딸이 있는데 이 딸은 박사에게 자기에게는 절대로 거짓말탐지기술을 사용하지 않기로 다짐을 받았다. 하지만 이것이 기계장치처럼 쉽게 껐다 켰다 할 수 있는 것이 아니기 때문에 박사가 필요하면 본능적으로 나와 버린다.

그래서 문제가 발생하는 경우가 종종 있는데 한 번은 딸에게 '요즘 남자친구 만나니?'라고 했더니 '아니요.'라고 했지만 만나고 있다는 것을 알았다. '혹시 심각한 사이는 아니겠지?' 했더니 '아니에요.'라고 했지만 심각한 사이라는 것을 알아낸 박사가 딸의 서랍장을 뒤지자 '콘돔'이 발견된다. 박사는 매우 놀라고 화가 나서 딸을 야단치려 하자 딸은 아빠가 그 기술을 자기에게 쓰지 않기로 해놓고 약속을 어겼다며 화를 내고 뛰쳐나가버린다. 여러분도 아마 여러분의 배우자나 가족이 여러분이 하는 모든 거짓말을 알아 낼 수 있다면 그 사람과 별로 한 집에 살고 싶지는 않을 것이다. 따라서 거짓말탐지기법을 배우려면 일단 아량을 크게 키워야 할 것이다. 가정의 평화를 위해…

인간의 7가지 감정

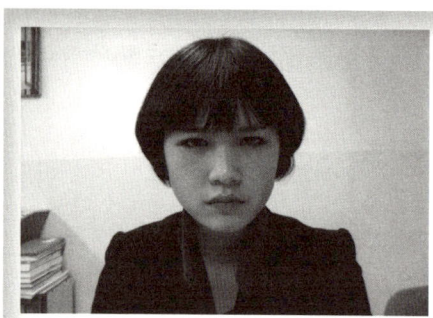

슬픔
1. 윗눈꺼풀이 늘어진다.
2. 초점을 상실한다.
3. 입술가가 늘어져 내려간다.

기쁨
1. 눈가에 잔주름이 생긴다.
2. 뺨 근육이 당겨 올라간다.
3. 눈 주변 근육이 움직인다.

경멸
1. 한쪽 입술끝이 당겨지며 올라간다.

화남
1. 눈썹이 내려가고 모인다.
2. 눈을 부릅뜬다.
3. 아랫입술이 얇아진다.

공포
1. 눈썹이 올라가고 모인다.
2. 눈꺼풀이 들려 올라간다.
3. 아랫눈꺼풀이 긴장한다.
4. 입술은 귀를 향해 약간 당겨진다.

놀라움
1. 눈썹이 올라간다.
2. 눈이 커진다.
3. 입이 열린다.

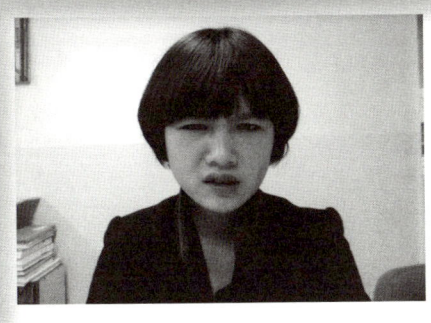

역겨움
1. 코끝이 찡그려진다.
2. 윗입술이 당겨 올라간다.

04 사랑의 방정식

　미국 스탠포드대학교 션 맥키 박사팀은 학생들에게 사랑하는 사람의 사진을 보여주고 이들의 뇌를 촬영한 결과 뇌에서 자극과 보상을 담당하는 부위가 활성화되어 평소에 느끼던 통증이 상당히 줄어드는 것을 발견하였다. 사랑하는 감정을 느끼면 뇌에서 보상을 담당하는 부위에 도파민이 많이 발생되고 이 물질이 통증을 억제하는 효과를 가져오는 것이다.

　도파민은 코카인같은 마약을 하거나 큰돈을 벌었을 때 분비되는 물질이다. 마약을 했거나 큰 돈을 번 사람은 누가 옆에서 때려도 통증을 거의 느끼지 못하는데 도파민이라는 물질이 통증을 감소시켜주기 때문이다. 연구진은 사랑하는 감정으로 인한 도파민의 분비가 모든 고통을 없애줄 수는 없지만 사랑하는 사람이 곁에 있는 것만으로 통증이 상당히 가라앉을 수 있다고 주장했다. 이렇듯 사랑은 우리에게 꼭 필요하고 좋은 것이지만 많은 커플들이 갈등과 불화를 겪으며 살아가고 있다.

　존 가트만 박사는 이러한 사랑에 과학적으로 풀이할 수 있는 어떤 공식이 존재하지 않을까하는 생각을 가지고 『사랑의 방정식』을 구하기 위해 3000쌍의 커플을 30년간 연구했다. 사랑이라는 것이 수학공식처럼 수식으로 풀 수 있는 성질의 것은 아니기 때문에 어떻게 방정식을 구할 수 있는가도 의문이기도 하지만 어떤 방식으로 커플들 사이의 사랑에 대해 조사하는가하는 방법론도 문제일 것 같다. 가트만 박사가 사랑에 대해 연구하기 위해 선택한 방법은 커플들의 커뮤니케이션 방식이다.

박사는 커플들이 대화하는 모습을 관찰하고 녹화하였는데 오랫동안 이들을 추적조사해 보니 커플들이 어떠한 대화방식을 가지고 있느냐가 이들의 관계가 유지되느냐 그렇지 않느냐를 결정하게 된다는 것을 발견했다. 집안, 학벌, 경제조건 등의 요소들이 아닌 대화방식이 사랑에 있어서 결정적인 요소라는 것이다. 이와 함께 가트만 박사가 발견한 것은 『×5』의 법칙인데 커플들이 깨지지 않고 관계가 유지되려면 'Negative input' 한 번을 상쇄하기 위해 'Positive input' 다섯 번이 필요하다는 것이다.

일반적으로 사람들은 'Negative input'을 한번 하면 이를 상쇄하기 위해 'Positive input'을 한번만 하면 되는 것으로 생각한다. 예를 들어, 부하직원이 보고서를 엉망으로 써서 '김대리, 보고서가 이게 뭐야, 발가락으로 썼나?'라고 한 번 혼냈으면 '김대리, 내가 아까 야단쳐서 미안한데 저녁 때 내가 소주 한잔 사 줄께'라고 하고 술 한번 사주면 0이 될 것이라고 생각하기 쉬운데 그것이 아니라 밥 사주고 술 사주고 칭찬해주는 등의 'Positive input'을 다섯 번 해야 한다는 것이다. 만약 아내를 한 번 화나게 했으면 이를 만회하기 위해 꽃 사다주고, 외식시켜주고, 옷 사주고, 청소도와주고 설거지해 주어야 겨우 화난 게 풀어질 수 있다는 것이다.

왜 이런 현상이 발생할까? 그것은 사람이 '은혜는 물에 새기고, 원한은 돌에 새기기' 때문이다. 사람은 남이 나에게 잘해 준 것은 쉽게 잊어버리는 반면 못해 준 것은 가슴 깊이 새기는 경향이 있다는 것이다. 그런데 'Positive input'을 이렇게 여러 번 한다는 것이 쉬운 일이 아니기 때문에 'Positive input'을 하려고 하기 보다는 차라리 'Negative input'을 하지 않는 편이 수월하다. 필자는 이런 사실을 알고부터는 다른 사람에게 상처주는 말이나 행동을 하지 않기 위해 극도로 조심하게 되었다.

그리고 단순히 관계를 유지하는 것을 넘어 잉꼬커플이 되려면 'Negative input' 과 'Positive input'의 비율이 1대 20이 되어야 한다. 1대 20이라는 숫자가 너무 많게 느껴지는 사람도 있을 수 있지만 'Negative input'을 하지 않는 것이 습관이 되면 20이 아니라 100, 1000이라도 할 수 있게 된다. 이것은 후에 설명하게 될 '왜 비난의 칼을 내려 놓는 것이 중요한지'에 대한 중요한 이론적 근거가 된다. 협상 대상자와의 관계를 유지하는 것도 커플들 사이와 마찬가지로 'Negative input'을 많이 하게 되면 라포형성이 어렵게 되고, 'Positive input'을 많이 하면 라포형성에 도움이 되기 때문에 평소 사랑의 방정식을 몸에 익히는 훈련을 하는 것이 협상에 큰 도움이 된다.

05 궁극의 청취기술, Active Listening Skill!!!

　FBI는 Active Listening Skill을 '협상의 중추'라고 설명하고 있다 (Noesner, 1999). Active Listening Skill이 이렇듯 중요한 이유는 범인의 목적이 무엇이든 협상가는 일단 범인과 대화의 채널을 열고 지속적인 커뮤니케이션을 해야 하는데 이를 가능하도록 하는 것이 바로 'Active Listening Skill'이기 때문이다.

　적극적 청취 기법은 감정 상태 정의하기, 바꿔 말하기, 끝말 따라 하기, 요약, 개방형 질문, 최소한의 고무, 효과적인 중단, 1인칭의 완곡한 표현 등의 기법으로 이루어진다. 적극적 청취 기법이라는 이름에서 알 수 있듯이 상대방의 말을 들어주는 방법인데, 그것도 열심히 적극적으로 들어주는 것이다. 위에서 위기 협상은 비즈니스 협상과 달리 상대방이 말을 많이 하도록 유도해야 한다고 하였는데, 막상 나는 말을 되도록 적게 하고 상대방에게 말을 많이 하도록 유도하는 것도 쉬운 일은 아니다. 따라서 여기서는 상대방이 자연스럽게 말을 많이 하도록 유도하는 스킬을 소개하고자 한다.

1) 감정 상태 정의하기(Emotion Labeling)

　위에서 감정의 중요성에 대해 언급하였는데 적극적 청취 기법의 첫 번째 기법이 감정 상태 정의하기이다. 'Label'이라는 것은 우리가 흔히 '라벨'이라고 하는 꼬리표를 말한다. 옷을 사게 되면 꼬리표가 붙어 있고 그 꼬리표에는 이 옷은 면이 몇 퍼센트이고 손세탁이

가능하다든지 하는 그 옷에 대한 정의가 내려져 있다. 감정 상태를 'Labeling'한다는 것은 상대방의 감정이 어떠하다는 것에 대한 꼬리표 달기라고 할 수 있다.

예를 들어,

- "당신은 마음에 상처를 입은 것 같다."
- "당신은 외로워 보인다."
- "당신은 아마도 배신당하고 버려진 것 같다."

등과 같이 상대방의 감정 상태를 정의하여 주는 것이다. 사람들은 누구나 자신이 어떻게 느끼는지를 상대방이 알아주기를 바라고 자신의 마음을 알아주는 상대에게 호감을 느끼게 된다. 성공적인 Emotion Labeling을 통해 상대방과의 Rapport Building(신뢰 관계 형성)의 발판이 마련된다는 의미이다.

감정 상태 정의는 '화났다', '실망했다'처럼 간단하게 이루어질 수도 있으나 보다 복잡하게 심층적으로 이루어질 수도 있다. 예를 들어, 가족들이 모두 떠나고 같이 사업을 하던 친구에게도 배신당한 사람에게 "당신은 마치 사막에 홀로 버려져 오랫동안 갈증과 허기짐에 시달리고 있는 것 같은 느낌이겠군요."라고 아주 복잡하게 정의해 내고 상대방이 그렇게 느끼고 있었다면, 상대방은 당신이 자신의 내면 깊은 곳까지 이해해 주는 듯한 느낌을 가지게 되고, 보다 심도 있는 내용을 당신에게 털어놓고 싶어질 것이다.

2) 바꿔 말하기(Paraphrasing)

Paraphrasing은 협상 대상자가 한 말을 협상요원의 말로 바꿔 표현하는 것이다. 단순히 상대방의 말을 그대로 따라 하는 것이 아니라 자신의 용어로 바꾸어 말한다는 데 주의해야 한다.

- **대상자** : 시어머니는 항상 남편 말만 듣고 제 말은 들으려고 하지 않으세요.
- **협상가** : 시어머님이 좀 공정하지 않으신가 보군요...

Paraphrasing은 대상자가 이야기한 내용을 명확히 하고, 이슈가 되고 있는 것들을 강조하며, 대화를 서로 주고받는 형태로 유지하여 대상자에게 이러한 패턴을 은연중에 주지시킨다. 또한 Paraphrasing은 대상자를 방어적으로 만들지 않는데 왜냐하면 Paraphrasing한 내용들이 모두 대상자가 한 말이지 협상가의 주장이나 의견이 들어가 있지 않기 때문이다. 대상자 입장에서는 자신의 주장을 다른 사람이 분명하게 다시 이야기해 주는 것을 들어 본 적이 없을 가능성이 크기 때문에 누군가가 자신이 가진 이슈에 귀 기울여 준다는 것 자체로 대화에 대해 좀 더 긍정적인 시각을 가질 수 있게 할 수 있다.

3) 끝말 따라 하기(Mirroring)

간략히 상대방의 말을 따라 하는 것으로 협상 대상자가 사용한 마지막 몇 단어를 반복하는 방법이 좋다. Mirroring은 Paraphrasing과 매우 유사한 기법으로 왜 굳이 다르게 분류할까 하는 의문이 생기기도 한다. 그런데 Mirroring을 통해 상대방이 한 말을 앵무새처럼 계속 따라 하면 상대방은 협상가가 마치 자신을 놀리고 있는 듯한 느낌을 받을 수 있기 때문에 표현 방법을 달리하여야 할 필요가 있어 Paraphrasing의 방법을 따로 분류한 것이다.

- **대상자** : 그는 모든 의사 결정을 혼자서 하는 독선적인 사람이에요.
- **협상가** : 아, 그는 독선적인 분이군요.

4) 요약(Summary)

대화가 어느 정도 지속되면 주기적으로 주요 논점을 짚는다.

- **협상가** : 아, 그러니까 당신이 지금까지 말한 것은 시어머니가 너무 남편편만 들고 당신 입장은 잘 이해해주지 않아 많이 서운하시다는 거군요.

요약이 잘 되었을 경우는 상대방이 자신의 말에 주의를 기울여 잘 들어주고 있다는 느낌을 주어 더 말을 하고자 하는 의욕이 생기게 될 것이다. 만약 요약이 약간 잘못되었을 경우에도 상대방이 "그게 아니라 제 말은 이런 뜻입니다." 하고 수정하려고 할 것이다. 어쨌든 이를 통해 상대방이 그만큼 말을 하게 되었기 때문에 적극적 청취 기법의 목적은 일부 달성한 것이다. 하지만 지나치게 엉뚱한 요약이 된다면 상대방은 자신의 말에 주의를 기울이지 않는다고 느끼게 되고 말을 계속할 의욕을 잃게 될 수 있으므로 주의해야 한다. 그러지 않기 위해서는 적극적 청취(Active Listening)를 해야 할 것이다.

5) 개방형 질문(Open Ended Question)

개방형 질문의 반대인 폐쇄형 질문으로는 단지 '예', '아니오'라는 짧은 대답을 이끌어 낼 수 있을 뿐인데 개방형 질문을 통해 보다 긴 대답을 유도할 수 있다. 이미 언급한 바와 같이 긴 대답을 한다는 것은 대상자가 말을 많이 한다는 것이고, 이는 보다 많은 정보가 나에게로 넘어오고 대상자의 감정이 배출됨을 의미한다.

개방형 질문시에는 협상 대상자가 보다 자유롭게, 보다 길게 대답할 수 있도록 질문을 구성하고, 협상 대상자에게 취조하는 듯한 느낌을 주지 않도록 한다.

- 협상가 : "무슨 일이 있었는지 자세히 말해 보세요."
- 협상가 : "어떻게 하다 그런 일이 일어났지요?"

"왜, 어째서"처럼 상대방에게 비난의 의미를 담고 있는 의문사는 가급적 사용을 자제하고 부드럽고 긍정적인 의미를 지닌 의문문을 사용하도록 해야 한다.

6) 최소한의 고무(Minimal Encourager)

상대방이 계속해서 의욕을 가지고 말을 하기 위해 상대방에게 맞장구 내지는 추임새를 넣어주는 방법이다. 사람들은 상대방이 자신의 말을 듣고 있는지 계속해서 확인하고 싶어 한다. 특히 전화 통화를 할 경우 상대방이 보이지 않기 때문에 상대방이 '예, 응, 아' 등 맞장구를 치지 않으면 금세 "내 말 듣고 있어요?"라고 확인하게 된다. 간단한 기법이지만 적극적으로 청취하고 있음을 나타내는 데 가장 기본이 되면서도 유용한 기법이다.

- 협상가 : '응?', '정말?', '아', '예', '그렇군요'

그런데 과도한 맞장구는 정신을 산만하게 할 수도 있고 상대방의 말을 건성으로 듣고 있다는 인식을 줄 수 있으므로 이 기법만을 계속해서 사용해서는 안 되고 다른 기법들과 함께 사용해야 효과를 극대화할 수 있다.

7) 효과적인 정지(침묵)(Effective Pause)

협상을 하다 보면 무언가에 대해 계속해서 말이 이어져야 할 것만 같은 부담을 느끼게 된다. 어쩌다가 말이 끊어지게 되면 금세 불안함을 느끼고 그 공백을 메우기 위해 아무 말이라도 꺼내려고 하는 경향이 있다. 하지만 항상 말이 끊어지지 않고 이어져야 하는 것은 아니다. 오히려 때로는 말을 끊고 침묵해야 하는 경우도 있다. 예를 들어, 상대방이 너무 흥분하여 혼자만 계속해서 얘기를 하고 협상가의 말을 들으려고 하지 않을 경우, 협상가가 갑자기 침묵을 지키면 상대방은 말을 중단하고 협상가의 상태를 확인하려 할 것이다. 이렇게 되면 상대방은 흥분 상태를 약간 가라앉히게 되는 효과도 있다. 협상가는 침묵을 통해 대화는 차례차례 주고받는 것이라는 것을 대상자에게 알려주게 된다.

효과적인 침묵은 또 무언가 중요한 것을 말할 때 사용하면 매우 효과적이다. 약간의 침묵은 양 당사자 사이에 긴장감을 형성하고 다음에 나올 말에 더 집중하게 하고 더욱 무게를 실어준다. 또 사람들은 중요한 얘기를 꺼내기 전에 보통 뜸을 들이는 경우가 많기 때문에 약간의 침묵 후에 나오는 말은 중요할 것이라는 기대를 하게 된다. 따라서 중요한 내용을 전달하기 전에 일정한 침묵을 주는 것이 유용하다고 하겠다.

8) 1인칭의 완곡한 표현(I Message)

상대방의 어떠한 상황이나 행동을 1인칭 주어로 표현하는 화법이다.

- 협상가 : "당신이 소리를 지르면 당신이 하는 말을 들을 수 없어 안타깝습니다."
- 협상가 : "제가 보기에는 …한 것 같습니다."

이러한 1인칭 주어 표현은 '너' 내지는 '당신'과 같은 2인칭 주어 문장에 비해 덜 공격적으로 들리기 때문에 대상자가 쉽게 받아들일 수가 있다. 2인칭 주어 문장은 일반적으로 비난조로 들리는 경우가 많기 때문에 상대방으로 하여금 방어적인 자세를 취하게 하고 협상가와 장벽을 형성하게 할 가능성이 있기 때문에 가급적 사용을 자제해야 한다.

'I' 메시지는 위에서 언급한 다른 기법들과 섞어서 사용하면 더 큰 효과를 나타낼 수 있다. 예를 들어, 감정 상태 확인하기 기법과 함께 사용하면 다음과 같이 쓸 수 있다.

- 협상가 : 당신은 무척 실망한 것처럼 들리는군요.
- 협상가 : 제가 듣기에는 그 일로 인해 매우 화가 나신 것 같습니다.

이것은 Emotion Labeling을 단독으로 사용하였을 때와 비교하면 훨씬 더 부드럽게 들리기 때문에 대상자를 덜 자극하게 된다는 것을 알 수 있다. 예를 들어, "당신은 화가 나셨군요."라고 하는 것보다 "당신은 화가 나신 것처럼 들립니다." 내지는 "제가 듣기에 화가 나신 것 같습니다."라고 하는 것이 덜 자극적이고 덜 도전적으로 들린다.

적극적 청취 기법은 전혀 새로운 문법으로 말을 하는 것과 같아서 간단한 것 같지만 훈련하지 않으면 익혀지지 않고, 한번 익혔다고 하더라도 자주 사용하지 않으면 사라지기 쉬운 기술이다.

매우 애석한 일이기는 하지만 사람들은 세월이 지나 지위가 올라갈수록, 나이가 많아질수록 남의 말을 들어주기보다는 남에게 말을 더 많이 하는 위치로 옮아가기 때문에 점점 남의 말을 잘 들어주지 않는 습관이 몸에 배게 된다. 이러한 대화 습관 때문에 가족들과의 대화는 점점 줄어들고 직장에서도 하의상달이 잘 되지 않는 문제점이 발생하게 된다. 적극적 청취 기법을 반복, 훈련하여 익힘으로써 자연스럽게 경청하는 습관을 가지게 될 수 있고, 더 나아가서는 민주적 리더십을 갖추는 데 큰 도움이 될 것이다.

💬 06 야, 너 말고 책임자 나오라 그래!!!

시청에 불만을 품고 찾아가서 난동을 부리는 사람들이나 마트에 찾아가서 클레임을 거는 사람들 중 많은 사람들이 담당 직원들에게 '당신 말고 책임자 나오라고 그래, 책임자 어디 있어?'하고 책임자하고 이야기하고 싶어 한다. 그런데 그렇다고 책임자 나와서 민원인을 직접 상대하면 어떻게 될까?

필자가 전경대 소대장으로 근무할 때였다. 당시에는 서울에서 농민 집회를 크게 하게 되면 각 지방 톨게이트에서 이를 원천봉쇄하도록 하였다. 문제의 소지가 있는 지시였지만 상명하복 관계의 조직인지라 그 날도 모처의 톨게이트 앞을 가로막고 길게 진을 치고 있었다. 이윽고 농민 시위대가 몰려왔고 서울로 올라가야 하니 길을 터주라고 요구했다. 그러나 경찰은 서울로 올라가는 것을 허용할 수 없다고 하면서 대치상황이 벌어졌다. 시위대도 쉽게 포기하지 않고 메가폰을 잡고 계속해서 길을 트라고 요구하자 보다 못한 지방경찰청 차장님이 지휘차량에서 내려 시위대 앞으로 나아가서는 '당신들 서울 못가니까 빨리 집으로 돌아가시오!'라고 호기롭게 소리쳤다. 차장님은 지방청장님 바로 아래로 당시에 현장에서 가장 높은 분이셨다. 아마도 차장님은 자신의 지위가 있으니 시위대가 금방 자신의 지시를 따를 거라고 생각하셨던 모양이다.

그런데 시위대는 전혀 해산을 할 생각을 하지 않고 이렇게 되묻는 것이었다. '우리를 서울로 못 가게 하는 타당한 근거를 대시오. 대한민국 국민은 거주이전의 자유가 있는데 무슨 근거로 우리를 막는 거요?' 경찰청에서는 과거 농민집회시 전의경과 농민이 사망한 일이 발생한 적이 있기 때문에 이를 우려하여 원천봉쇄를 하려 하였던 것인데 당시 차장님은 갑자기 이런 질문을 받자 당황하여 별다른 대답을 하지 못하고 머뭇거리고 있었고 이를 본 시위대 대표자가 다시 한 방을 날렸다. '거봐 당신도 대답 못하잖아, 뚱뚱해 가지고!!!' '뚱뚱??!!!' 그러자 여기 저기서 웃음이 터져 나왔고 심지어는 경찰들도 대놓고 웃지는 못하고 고개를 돌리고 웃고 말았다.

차장님은 심한 모멸감으로 순간 얼굴이 시뻘게지더니 홱 돌아서서 자신의 지휘차량으로 돌아가 무전으로 전 병력에 지시를 내려 시위대를 강제해산하라고 하였고 경찰의 강제해산작전이 시작되면서 현장은 아수라장이 되었다. 나중에 다른 몇몇 지방에서도 원천봉쇄에 관한 소송이 제기되어 결국 경찰이 패소하고 말았다.

대구 팔공산 보성 아파트 사건 때의 일이다. 김성철(가명)은 내연녀가 자신에게 5000만원을 빌려간 후 잠적하자 이에 격분하여 내연녀의 아파트로 찾아가 그녀의 딸과 아들을 인질로 붙잡고 자신의 내연녀를 찾아 올 것을 요구하였다. 신고를 받고 출동한 형사반장은 경비실에서 인터폰을 통해 성철에게 원하는 것이 무엇인지를 물었고 성철은 자신의 내연녀를 찾아오라는 것이었다. 형사반장이 생각하기에 성철의 내연녀를 찾아와서 돈을 갚도록 하면 사건은 간단히 해결될 것 같았다. 형사반장은 성철에게 잠시 시간을 달라고 한 후 30여분이 지난 후에 다시 성철에게 전화를 걸어 성철의 내연녀를 찾아 왔으니 나와서 이야기를 하자고 했다.

그러나 성철은 나오기를 거부하고 여자를 올려 보내라고 했다. 형사반장이 당황한 기색을 보이자 성철은 형사반장이 자기에게 거짓말을 한 것을 알고 크게 화를 내면서 전화를 끊어버렸다. 얼마 후 경찰서 형사과장과 서장이 모두 나와 이번에는 아파트 현관 문 앞에서 직접 범인과 대화를 시도하였다. 서장이 '내가 관내 서장인데 당신 내연녀를 찾아와서 돈을 갚도록 해 주겠다.'라고 했지만 안에서는 도리어 언성이 높아지면서 욕을 해 댈 뿐이었다.

결국 대화에 의한 설득은 실패하고 특공대를 투입하기로 했다. 특공대는 미처 준비가 되지 않았지만 빨리 진입해서 해결하라는 상부의 명령 때문에 들어갈 수밖에 없었다. 특공대는 베란다 쪽을 통해 진입을 하기 위해 옥상에 로프를 걸고 줄을 타고 내려가서 창문을 발로 찼는데 창문이 깨지지 않는 것이었다. 알고 보니 방충망이어서 찌그러지기만 할 뿐 깨지지가 않았다. 방충망을 뚫기 위해 여러 번 발길질을 하는 사이 놀란 성철은 인질인 여고생 딸에게 가서 목에다 칼침을 놓았다. 뒤늦게 안으로 뚫고 들어온 특공대가 성철을 제압했지만 이미 인질이 크게 다친 뒤였다. 현장에서 많은 경우에 책임자들이 직접 나서서 범인이나 시위대와 직접 협상을 벌이는데 그렇게 할 경우 대부분은 실패로 돌아가고 말았다.

책임자가 직접 협상을 하게 되면 대상자가 어떤 요구사항을 제시하고 그것이 들어주기 매우 어려운 경우 책임자가 결정권을 가지고 있기 때문에 '그것은 안 된다'라고 하게 되면 대상자와 불편한 관계에 놓이게 되고 대화를 지속하는데 어려움을 겪게 되는데 중간에 협상가가 있다면 대상자의 요구를 거부하는 사람은 책임자이지 협상가가 아니고 협상가는 자신의 요구를 관철하기 위해 노력하고 있는 사람이기 때문에 협상가와는 계속해서 우호적인 대화의 채널을 유지할 수 있는 것이다.

협상가는 대상자가 무리한 요구를 하더라도 직접적으로 거부하지 말고 책임자에게 잘 말해서 관철되도록 노력하겠다고 하고 나중에 책임자가 이를 거부하면 자신은 최선을 다했지만 책임자가 난색을 표한다고 하면서 책임을 떠넘길 수가 있다. 그러면 대상자의 입장에서 협상가는 자신을 위해 일하는 사람이고 얘기가 통하는 사람이므로 대화의 채널을 계속 유지하려고 할 것이다.

그리고 책임자는 협상뿐만 아니라 전체적인 상황을 파악하고 의사결정을 내려야 하기 때문에 대상자와의 대화에만 집중할 수 없으므로 직접 협상을 해서는 안 되는 것이다. 경찰서장 입장에서는 위에서 빨리 사건을 해결하라고 종용하고 언론에서 뭐하고 있는 거냐고 물으면 마음이 급해져서 자신이 직접 나서서 사건을 해결하고 싶겠지만 현장에서는 자신의 뜻대로 일이 돌아가지 않는다. 급하다고 바늘허리에 실을 매서 쓸 수는 없는 노릇이니까...

그렇다면 대상자나 민원인이 계속해서 책임자를 바꾸라고 하면 어떻게 할까? 필자가 고속도로순찰대 부대장으로 근무할 때의 일이다. 명절이 되면 차량이 증가하여 고속도로가 항상 막힌다. 운전자들도 이런 사실을 잘 알지만 도로에 몇 시간씩이나 서 있게 되면 짜증이 나게 마련이고 이를 풀 데가 없으니까 고속도로 순찰대 사무실로 전화를 해서 항의를 한다. 전화가 오면 지령실에 근무하는 의경이 이를 받는다.

'예, 고속도로 제10지구대 의경 장한석(가명)입니다. 무엇을 도와 드릴까요?' '야, 너 목소리가 의경 같은데 직원 바꿔봐!' '예, 지금 여기 직원은 없고 저만 있습니다.' '야, 왜 직원이 없어 빨리 직원 바꿔!', '선생님, 직원은 없으니까 무슨 일이신지 저한테 말씀하십시오.' '야, 왜 이렇게 차가 막혀, 경찰은 뭐하는 거야! 빨리 도로 뚫지 않고!', '예, 죄송합니다. 저희도 차량소통을 확보하기 위해서 열심히 노력하고 있지만 워낙 차량이 많아서요. 빨리 조치하도록 하겠습니다.' '야, 말로만 하지 말고 빨리해!', '예, 알겠습니다. 좋은 명절 되세요.'

　이렇게 3-40분씩 전화 한 통에 시달리고 나면 옆에 있던 직원이 잘했다며 의경의 등을 두드려준다. 의경은 버젓이 뒤에 직원이 있는데 왜 자기밖에 없으니 자기와 이야기를 해야 한다고 한 것일까? 그전에 신병 때 멋모르고 직원을 바꿔주었다고 크게 혼이 난 일이 있기 때문이다. 직원도 그 전화를 받아봤자 딱히 해결 방법이 없는데 몇 시간씩 시달리기만 해야 하니까 대원 선에서 끝내라고 하는 것이다. 대상자도 처음에는 책임자 바꾸라고 하다가도 결국 대원과 이야기를 해야 한다는 걸 알면 나중에는 이를 받아들이게 되어 있다.

　필자도 경찰청에 근무할 당시에 대한항공과 업무협조를 하게 되었는데 대한항공 김차장에게 과장이나 본부장 바꾸라고 하면 한 번도 바꿔준 적이 없다. 두 분 다 바쁘시다, 자리에 없다 하면서 결국은 자신과 이야기하도록 만들었다. 나중에는 필자도 포기하고 그냥 김차장과 상의하고 과장님과 본부장에게 전달해 달라고 하게 되었다. 결국 내가 책임자와 직접 이야기할 수 없고 김차장이라는 대화의 채널을 통해 의사소통해야하는 구조를 받아들이게 되는 것이다.

07 한계 설정하기

엄마들이 '지성아, 숙제는 했니? 알림장 써 왔어? 준비물 챙겼니? 아니 여태 그걸 안 했어? 너 커서 뭐 될라 그러니?'라고 하다가 감정코칭 수업을 받고 나면 '우리 지성이가 숙제가 하기 싫었나 보네... 지성이가 친구들하고 노느라 바빠서 알림장을 못 썼구나!' 라고 하면서 아이의 감정을 받아 준다. 그러면 아이는 처음에는 우리 엄마가 왜 이러지 하다가 얼마 지나면 엄마가 야단을 안 치니까 자기 멋대로 하기 시작한다.

그러면 엄마가 참다 참다 그동안 화내지 않은 것까지 합쳐서 수류탄으로 폭발하던 것이 핵폭탄으로 폭발하여 '이 이놈의 자식, 공부 안할 거면 책 다 내다버려!'하게 된다. 그래서 아이들이 감정코칭 강사님에게 '선생님, 엄마보고 제 감정코칭하려고 하지 말고 엄마 감정이나 잘 코칭하라고 좀 해 주세요!'한다고 한다.

아이들의 감정을 잘 이해해 주는 것이 중요하지만 감정을 받아주기만 하면 버릇이 나빠지게 된다. 따라서 감정은 받아주되 올바른 행동 방향을 정해주어야 한다. '지성아, 친구가 네 물건을 망가뜨리면 화낼 수는 있어, 하지만 때려서는 안 돼!'라고 말이다.

협상에서도 상대방을 자극하지 않고 감정을 이해해 주는 것이 중요하다고 하면 사람들은 완전 저자세로 대상자의 비위를 맞추기에 급급한 모습을 보일 때가 많다. 그러나 협상가는 협상가로서의 권위를 가지고 상호 존중하는 분위기 속에서 대화를 진행해야 한다. 대상자가 협상가의 권위를 인정하지 않고 아래로 볼 경우 나중에 협상가가 대상자의 행동변화를 요구했을 때 대상자가 이를 우습게 여기고 따르지 않을 수 있다. 따라서 심경을 자극하지는 않으면서 협상가로서의 권위는 유지하도록 해야 한다.

08 넌 혼자가 아니야!!!

우리나라에서는 현재 5분에 한 명씩 자살 기도를 하고, 45분에 한 명씩 자살로 목숨을 잃으며, 124명 중 한 명이 가족 중에 자살자가 있는 자살 피해 가족이다(범국민 생명존중 운동본부 이홍식 사무총장).

자살은 영어로 'suicide'라고 하는데, 이 말은 원래 라틴어에서 '자기 자신'을 의미하는 'sui'와 '죽인다'의 의미를 지니는 'cædo'가 합쳐져서 생긴 것이다. 따라서 자살이란 개인이 자유의사에 의해서 고의적으로 자기 자신의 생명을 끊는 일체의 행위를 가리킨다(김덕영, 2004). 자살은 어원에서도 알 수 있듯이 매우 개인적인 행위이지만 사회적으로 커다란 영향력을 행사하며 많은 여파를 미친다.

인간의 생명은 그 무엇과도 바꿀 수 없는, 실로 이 세상에서 가장 고귀한 것이다. 자살은 이렇게 고귀한 생명을 앗아가는 행위라는 점에서 일차적인 심각성이 있다. 또한 자살은 당사자뿐만이 아니라 가족이나 친구 등 주변 사람들에게 말할 수 없는 정신적 고통을 안겨 주고, 더 나아가 경제적으로 의료비의 손실을 발생시키며, 국가적으로 노동력의 상실을 초래하기도 한다.

우리나라도 자살이 매우 심각한 상황에 이르렀다. 자살은 1992년 우리나라 사망 원인 10위에서 2003년에는 5위로 상승했다. 그런데 더욱 심각한 것은 자살이 한참 일할 나이인 20대 및 30대의 사망 원인 1위라는 것이다. 자살 사망률은 최근 21년간 연평균 6%씩 증가하여

3.4배가 증가하였고, 2002년 기준 OECD 국가 중 자살 사망률 4위, 자살 증가율 1위를 기록했으며, 2008년에는 자살 사망률 1위를 기록하는 불명예를 안았다.

세계 각국에서는 심각한 자살 문제에 대처하기 위해 자신들의 상황에 맞는 국가 차원의 자살 예방 전략을 개발하여 운영하고 있다. 자살은 일반적으로 범정부 차원의 대처가 필요한 사안인데 이제까지 경찰은 자살 예방과 대응에서 어떠한 역할을 하여야 할지 제대로 파악하지 못하고 있었다. 그러나 경찰은 모든 상황에 대한 초기 대응자(First Responder)이기 때문에 자살 상황이 발생하면 신고를 받고 현장에 가장 먼저 출동하게 된다.

따라서 선진국에서는 경찰 협상팀이 자살 상황에 가장 먼저 출동하여 자살자와 협상을 벌이게 되는데 HOBAS에 의하면 FBI 협상팀이 벌이는 협상 상황의 90% 정도가 자살 상황이고, 협상팀이 도착할 때까지 대상자가 살아있고 협상에 응하기만 하면 90% 이상이 자살을 포기하고 상황이 종료된다고 한다[2].

전 세계에서 가장 자살을 많이 하는 우리나라로서는 범정부적 대책 수립이 절실하고, 무엇보다 경찰관들의 자살 상황에 대한 인식을 제고하고 협상 기법을 교육시켜서 자살 예방 및 대응에 이바지할 수 있도록 해야 할 것이다.

---

[2] 경찰청, 「위기협상기법」. (2005). p. 103.

8-1 자살에 대한 잘못된 통념 (자료 출처 : 생명의 전화)

Mith 1. 자살 생각이나 계획이 있는 사람들은 자신의 생각을 다른 사람에게 말하지 않으며, 자살은 어떤 경고 없이 일어난다.

그렇지 않다. 10명 중 8명은 그들의 자살 의도에 대한 경고 신호를 보낸다. 어떤 경고 신호들은 인식하기가 힘들다. 하지만 이 신호들이 무슨 뜻이며 어떻게 나타나는지 이해한다면, 그/그녀의 자살 의도를 알 수 있다.

Mith 2. 자살에 대해 이야기하는 사람들은 자살을 하지 않을 것이다.

그렇지 않다. 자살 생각이나 자살 기도는 '도움을 찾는 외침'이다. 도움을 찾아 외치는데도 반응을 하지 않는다면 자살을 기도하는 사람은 주목받기 위해서 어떤 행동을 하게 되고 결국 비극적인 결과로 끝맺을 수 있다.

Mith 3. 자살에 대해서 말하는 사람은 단지 주의를 끌고 싶기 때문이다.

그렇지 않다. 아무리 사소한 일이라도 자살에 관해 이야기하거나 관심을 끄는 행동은 도움을 바라는 외침이므로 경청하고 반응을 해야 한다.

Mith 4. 자살하는 사람들은 죽음에 대해 몰두하고 있다.

그렇지 않다. 자살하는 사람들의 대부분은 경고 신호를 보낸다. 그들이 만일 죽음에 몰두해 있는 사람들이라면, 그들은 어떤 의도도 전달하지 않았을 것이다. 사실, 아무런 경고 신호도 없이 죽음에 몰두해 있는 사람들은 매우 적다. 절대 다수의 사람들은 죽기를 원하지 않는다. 그들은 자신이 겪고 있는 심한 정서적인 고통이 끝나기를 바라고 있다.

Mith 5. 자살에 대해 내놓고 이야기하는 것은 자살 시도를 하려는 사람들의 목숨을 끊게 할 수 있다.

그렇지 않다. 직접 내놓고 자살과 자살 감정에 대해 이야기하는 것은 자살하는 사람에게 그것에 대해 이야기해도 좋다는 것을 허용하는 것이다. 민감성을 갖고 보살피는 마음으로 이야기함으로써 당신이 그들을 보살펴 주며, 도와주고, 그와 함께 있다는 것을 전하게 된다. 만약 협상가가 자살 가능성에 대한 경고 신호를 포착했다면, 협상가는 조심스런 태도로 내담자에게 자살에 대해 질문하는 것이 중요하다.

"나는 당신에게 매우 중요한 질문을 갖고 있다.", "당신은 자살에 대해 생각하고 있느냐?", "당신 자신을 죽이는 것에 대해서 어떻게 생각하느냐?" 이것은 가장 어려운 질문 중의 하나일 수 있다. 그러나 또한 가장 자유롭게 요청할 수 있는 질문 중의 하나이다. 이 질문은 상담자가 자살 행동을 일으키게 할 것 같은 두려움을 갖게 할 수 있기 때문에 어렵다. 그러나 이 질문은 내담자의 심리적 고통을 더해 왔던 울적한 감정과 공포들을 환기하도록 한다는 점에서 대상자를 자유롭게 한다.

Mith 6. 자살하는 사람들은 모두 미쳐서, 정신병적 행동을 하는 사람이다.

그렇지 않다. 자살을 감행하는 사람의 대다수는 정신병을 가졌다고 진단을 내릴 수 없다. 그들은 어떤 특정한 시기에 고립감을 느끼며, 극심한 불행감과 외로움을 느끼는 당신과 나 같은 사람들이다. 자살 생각과 행동들은 그들이 대처할 수 없다고 느끼는 삶의 스트레스와 상실감의 결과일 수 있다.

> Mith 7. 특별한 유형의 사람들만이 자살을 기도하거나, 자살을 하거나 혹은 자살 생각을 한다.

그렇지 않다. 자살 생각, 감정, 행동들은 어떤 사회 계층, 종교 집단, 연령 혹은 사회 수준에서 누구에게나 일어날 수 있다.

8-2 자살의 징후들

가. 높은 위험 요소
① 남자, 특히 청년 혹은 노인
② 결혼을 안 했거나 별거, 이혼, 미망인 등 혼자 사는 사람
③ 정신병적 장애를 가진 사람
④ 물질 남용 - 알코올, 약물, 가솔린, 흡연

나. 언어적 요소
① "내가 사라질 때 ~"
② "나는 더 이상 너를 괴롭히지 않을 거야."
③ "이제 문제가 없어 ~. 더 이상 아무것도 문제가 아니야."
④ "절망적이야, 아무것도 내 상황을 바꿀 수 없어."
⑤ "나는 이것을 더 이상 다룰 수 없어."
⑥ "나는 보여 줄 거야. 그들에게 미안하지만, 나는 그들이 만족하길 바란다."
⑦ "나는 한 발자국도 더 나가기가 어려워."

다. 행동적 요소
① 이전의 자살 시도 경험
② 갑작스런 비인격적 행동 변화 - 활동 수준의 증가 혹은 감소
③ 물건들의 정돈, 밀린 일의 정리 - 나는 내 물건들을 모두 줘 버렸다. 나의 일은 모두 끝났다. 빚은 모두 갚았다.
④ 사람들에게 '작별' 인사를 함 - 나는 오늘 내 아들들에게 전화

했다. 나는 최근 나의 친한 친구들을 방문했다.
⑤ 섭식 행동의 장애 – 먹지 못하거나 혹은 과식
⑥ 수면 형태의 변화
⑦ 청소년들이 외모를 돌보지 않음.
⑧ 받았던 상장이나 상품을 버리기
⑨ 가벼운 병 혹은 정신 신체 병의 증가 혹은 명백한 이유 없이 의사를 방문하기

라. 특별한 사례

깊은 우울증의 기간 후, 대상자가 더 많은 만족과 행복 혹은 평화로움을 보이는 갑작스런 향상은 자살을 결심했다는 것을 의미할 수 있다.

마. 상황적 요소

① 대상자의 중요한 상실과 관련된 상황 – 사랑하는 사람과의 별거 혹은 죽음, 특히 사별, 자살, 관계의 붕괴, 직업, 일, 개인적 꿈의 상실, 정체감 혹은 의미성의 상실, 자존감의 상실, 의미 있는 가치 혹은 신념의 상실
② 불치병
③ 최근 자기 선택권 없이 다른 기관으로 보직 이동
④ 신체적, 정서적, 성적 남용
⑤ 부모의 이혼 혹은 별거
⑥ 가출
⑦ 법정에 연루, 중요한 분야(시험, 사업 등)의 실패

※ 자료 출처 : 생명의 전화

8-3 자살기도자 살려 내기

1) 자살 의도에 관한 질문 던지기

자살 협상에서 가장 어려운 문제 중의 하나는 대상자에게 정말 자살을 할 생각이 있는지 단도직입적으로 물어보아도 괜찮은가 하는 것이다. 일반적인 위기협상의 기본 방향이 벼랑 끝에 서 있는 대상자를 최대한 자극하지 않으려는 데 초점이 맞추어져 있는데 자살처럼 종국적이고 민감한 문제를 직접적으로 거론하였다가 대상자가 자극을 받아 자살을 해 버리면 어떻게 할 것인가 하는 두려움을 갖게 된다.

협상가가 아닌 어느 누구라도 이 문제를 대놓고 이야기하기는 매우 어려운 것이 사실이다. 하지만 자살 상황에서 이 문제는 가장 중요하고 꼭 다루어져야 하는 핵심 사항이기 때문에 이 문제를 짚고 넘어가지 않을 수 없다. 대부분의 전문가들은 대상자에게 "자살할 생각이 있으신가요?"라고 물어볼 것을 권장한다(Divasto, Lanceley & Gruys, 1992).

자살이라는 문제는 회피한다고 해서 돌아갈 수 있는 것이 아니며, 대부분의 자살 기도자들은 이 문제에 대해 이야기하고 싶어 한다. 자신은 오랫동안 이 문제에 대해 고민해 왔지만 그 어느 누구와도 진지하게 이에 대해 이야기를 나누어 본 적은 없는 경우가 많다. 따라서 자살할 생각이 있는지, 만약 그렇다면 어떤 계획을 세우고 있는지, 그 전에 자살을 시도한 적이 있는지 등 구체적인 문제들에 대해 이야기를 하도록 한다. 이러한 사항들이 파악되지 않으면 대상자의 진정한 의도를 파악하기 어렵고 그에 따른 대응 방안도 제대로 수립할 수가 없다.

자살할 생각이 있느냐고 물었을 때 '예'라고 대답한다면 매우 난감할 것 같은 생각이 들지만 사실 이것은 좋은 징조이다. 일단 대상자가 자살을 생각하고 있는지 아닌지에 대한 의문점이 해결되었고, '예'라고 대답했다고 하는 것은 대상자가 자신의 가슴 깊숙이 숨겨진 이야기를 털어 놓았다는 것이며, 이것은 그만큼 협상가를 신뢰하고 있다는 것이다. Strentz(2006)는 '예'라는 대답이 성공적인 협상이 가능하다는 가장 좋은 지표라고 볼 수 있다고 주장한다.

이와는 반대로 '아니오'라고 대답하였다면 일단 안심이 될 수도 있으나, 경우에 따라서는 상황이 더 복잡해질 수 있다. 말은 아니라고 했지만 목소리 톤이나 그동안 했던 이야기들, 그전의 자살 기도 전력 등을 종합적으로 판단해 볼 때 자살할 생각이 있다고 생각되는 경우가 있을 수 있다. '예'라고 했을 때와는 반대로 '아니오'라는 것은 자살을 할 생각은 있지만 협상가와 가슴 깊은 이야기를 나누고 싶지 않다는 의도에서 나온 말이라면 '예'라는 대답을 했을 때보다 상황은 더 나쁘다고 할 수 있다.

그렇다고 협상가가 보기에는 자살할 생각이 있는 것 같은데 왜 없냐고 물어보는 것은 자칫 자살할 생각이 없는 사람을 자살하도록 등 떠미는 행위가 될 수 있으므로 함부로 대상자의 진정한 의도가 무엇인지 캐묻기도 매우 어렵다. 따라서 대상자가 아니라고 대답하면 이에 대해 더 캐묻지 마라. 적극적 청취 기법을 사용하여 보다 가벼운 주제로 자신의 이야기를 하도록 유도하여 내면의 감정을 표출하고 협상가와 신뢰 관계를 형성하도록 한 후에 진심이 무엇인지 알아내도록 하여야 할 것이다.

2) 자살상황 해결의 황금 열쇠 (Golden Key)

위기 협상가의 임무는 대상자의 문제를 완전히 해결하여 자살할 마음을 완전히 없애는 것이 아니다. 이것은 심리 상담가나 정신 건강 전문가들의 몫이다. 위기 협상가는 현재의 위기 상황을 벗어나도록 대상자를 돕는 것이다. 따라서 우선은 대상자가 여기서 뛰어내리거나 방아쇠를 당기는 일을 막는 것이 가장 시급한 일이다.

이를 위해 가장 좋은 방법 중의 하나는 대상자에게 의구심을 심어 주는 것이다. 의구심이란 과연 "내가 오늘 자살하는 것이 현명한 결정인가" 하는 의심이 들도록 하여 자살하려는 결심을 흔들리게 하고 행동으로 옮기지 못하도록 하는 것이다. 본인이 원한다면 언제든 다른 날 죽을 수도 있다(Strentz, 2006).

샌프란시스코의 금문교에서 그동안 뛰어내린 2,000명의 사람들 중에 기적적으로 살아난 사람이 24명 정도 된다고 한다. 생존자들은 자신들이 다리에서 뛰어내린 직후에 이것이 좋은 생각이 아니었고 다른 대안들에 대해서 깊이 생각해보지 않았다는 것을 깨달았다고 답했다(ASIST, 2003; Ritter, 2005).

협상가들은 이 이야기를 대상자들에게 들려주면서 많은 자살 기도자들이 다리에서 뛰어내린 후에 다른 대안들을 깊이 생각해 보지 않았던 것을 곧바로 후회한다, 그러니 지금 당장 죽으려고 하지 말고 다른 대안들에 대해 진지하게 고민하고 시도해 본 이후에 그래도 아니면 그때

해도 늦지 않다고 설득하여 대상자의 머릿속에 과연 이것이 좋은 선택인지에 대해 의심하는 마음을 심어 주는 것이다. 자살이라는 것은 본인이 마음만 먹으면 언제든 할 수가 있지만 지금 죽어 버리면 미처 생각지 못했던 대안들은 시도조차 못하게 되는 것이다.

금문교에서 뛰어내린 후 후회한 사람들 이외에도 자살 직전에 마음을 바꾼 사람들은 얼마든지 있다. 우리나라에도 한동안 마포대교에서 사회적으로 저명한 사람들이 많이 뛰어내려 의경을 배치하여 이곳으로 가는 길을 차단하기까지 한 적도 있는데, 다리 위의 구조물에 올라가 뛰어내리려고 했다가 포기하고 내려 온 사람들도 많이 있다.

HOBAS(2005)에 의하면 FBI 협상가가 현장에 도착할 때까지 뛰어내리지 않고 있는 사람들의 90% 이상이 협상을 통해 자살을 포기하고 내려온다고 한다. 이렇게 많은 사람들이 자살을 시도하다가 마음을 돌리고 다시 일상생활로 돌아가 잘 적응하고 있다는 이야기를 들려주면 결심이 크게 흔들리게 된다. 이것은 Robert Cialdani 교수가 주장하는 '사회적 증거의 법칙'을 활용한 것으로 볼 수 있다. 대부분의 사람들은 다른 사람들도 다 그렇게 한다고 하면 그대로 따라하는 성향이 있다는 것이다. 따라서 자살 직전에 마음을 돌리고 잘살고 있는 사람들이 많이 있다는 이야기는 대상자에게 상당한 설득력을 가지게 된다.

그리고, 자살하려는 사람들은 정신적으로 문제가 있는 사람들이 많은데, 그 사람들은 결국 다시 자살하려고 하지 않겠냐고 묻는 사람들이 있다. 그런데 금문교에서 자살하려는 것을 경찰이 제지해서 살아난 사람들을 어느 정도 세월이 흐른 후에 추적조사해 보니 그 중 95%가 잘 살고 있었다고 한다. 이는 일단 경찰이 자살하려는 순간을 잘 넘길 수 있도록 하면 사람들은 다시 잘 살아 갈 수 있다는 것을 의미한다.

이런 점을 실증적으로 보여주는 좋은 예가 있다. 미국 워싱턴 D.C.에는 엘링턴 다리와 태프트 다리, 두 개의 다리가 100 미터 간격을 두고 세워져 있었다. 그런데 1980년대에 미 국무부장관의 딸이 엘링턴 다리에서 뛰어내리는 일이 발생했다. 상심한 국무부 장관은 이런 일이 다시 생기는 것을 막기 위해 엘링턴 다리에 높은 철책을 설치했다. 당시 많은 사람들이 엘링턴 다리에 철책을 설치해봤자 100미터만 가면 철책이 없는 태프트 다리가 있는데 무슨 소용이 있겠냐고 생각했다.

그런데 사람들의 예상과는 달리 엘링턴 다리로 와서 뛰어내리려 했던 사람들이 태프트 다리로 가지는 않았다. 그냥 집으로 돌아간 것이다. 이 철책이 세워진 후 워싱턴 D.C.의 전체적인 자살률도 줄어들었다. 일반 사람들의 예측이 틀린 것이다. 뛰어내리려고 했던 사람들이 왜 발길을 돌렸을까?

일반적으로 사람들은 죽으려고 생각하는 사람들이 자살에만 몰입하고 있다고 생각하는데 자살기도자들에게는 '양가감정'이라는 것이 있다. 죽고 싶은 마음과 동시에 살고 싶은 마음이 있는 것이다. 형사정책연구원에서 400통 이상의 유서를 분석한 결과를 보면 이러한 심리상태가 잘 나타나 있다. 그들의 유서를 보면 자신을 괴롭히는 현실로부터 벗어나고 싶어하는 마음이 있는가 하면 이와 동시에 살고 싶은 욕구가 강하게 자리잡고 있음이 잘 나타나 있다.

자살기도자들은 이처럼 삶에 대한 갈망을 가지고 있기 때문에 자신이 죽지 못하게 된 데 대한 적절한 변명거리나 핑계거리를 제공하게 되면 이를 쉽게 받아들일 수 있는 것이다. '나는 뛰어 내리려고 했지만 철책이 높아서 그럴 수가 없었어, 내가 결코 용기가 없거나 비겁해서 그런 게 아니야!'라고 말이다.

만일 여러분들이 이런 철책이 되어서 뛰어내리려는 사람을 말린다면 어떻게 될까? 아마도 그 사람들은 '저 사람 때문에 못 뛰어 내린 것이지, 내가 용기가 없어서 그런 것은 아니야!'라고 자기 스스로를 위안하면서 집으로 돌아갈 것이다. 따라서 뛰어내리려는 사람이 있으면 주저 없이 말려야 할 것이며, 물리력으로 이를 제지할 수 없는 상황이라면 말로 설득해서 뛰어내리지 못하도록 해야 할 것이다.

제3부

협상 심리

01 나를 희소하게 만들어라.

예전 드라마에 가련한 한 여성이 등장한다. 순희씨는(가명) 너무도 순수하고 순애보같은 사랑을 간직한 사람으로 사랑하는 이를 위해서는 모든 것을 희생할 수 있는 사람이었다. 순희씨에게는 사법고시를 준비하는 남자친구가 있었는데 순희씨는 애인의 학비를 대기 위해 미용실에서 일하면서 몇 년째 입을 것 못 입고 먹을 거 못 먹어 가면서 남자친구를 뒷바라지 중이었다. 지금은 힘들지만 남자친구가 고시만 패스하면 그동안의 고생은 모두 보상받으리라... 결국 순희씨의 정성스런 뒷바라지가 보람이 있어 남자친구가 마침내 고시를 패스하게 되었다.

순희씨는 남자친구의 고시 패스 소식에 그 누구보다도 기뻐했다. 이제 고생 끝 행복시작이 될 것이다. 그런데 얼마 지나지 않아 순희씨의 남자친구에게 뚜마담이 접근하여 재력가의 딸들을 소개시켜 주기 시작했고 결국 그 중의 한 명과 눈이 맞아 순희씨를 헌신짝처럼 버리고 결혼을 하게 된다.

순희씨에게는 하늘이 무너지는 청천벽력과도 같은 소식이었다. 내가 이 날을 바라보며 그 모진 고생을 참아가며 오직 남자친구의 성공을 위해 올인했는데 나를 버리다니... 어떻게 인간의 탈을 쓰고 이런 일을 할 수 있는 것인가? 과연 순희씨의 남자친구는 인간이 아닌 것인가? 물론 순희씨 남자친구의 행동은 윤리적으로 비난받아 마땅하지만 순희씨의 남자친구가 인간이 아니라서 이런 일을 벌인 것이 아니라 인간이기 때문에 이런 일이 일어난 것이다.

 사람은 자신이 원하면 아무 때나 가질 수 있는 것에 대해 별다른 욕구를 가지지 않는다. 내가 손 내밀면 항상 얻을 수 있는 것에 대해서는 욕망을 느끼지 않는 것이다. 내가 원해도 가지기 쉽지 않고, 그것을 얻는데 경쟁이 존재해야만 그것을 강렬히 원하게 되는 것이다.

 백곰 효과(White bear effect)라는 것이 있다. 한 가지 간단한 실험을 해 보자. 여러분들은 지금부터 아무 생각이나 해도 좋지만 '백곰'만은 생각하면 안 된다. TV 광고에서 눈밭을 뒹굴면서 밤하늘의 오로라를 감상하며 음료수를 마시는 그 하얀 북금곰만 생각하지 말고 뭐든지 생각해도 좋다. 자 시작!!! 1초, 2초, 3초, 4초, 5초, 6초, 7초, 8초, 9초, 10초... 자 어떤가? 지금 여러분은 무슨 생각을 하고 있는가? 백곰을 생각하지 않기는커녕 백곰들이 떼거리로 내 머릿속에 우글거리고 있지 않은가?

 여러분들은 '콜라전쟁'이라는 것을 들어본 적이 있는가? 미국에서 처음에는 코카콜라밖에 없었는데 팹시콜라가 등장하면서 코카콜라 판매량이 줄자 위기의식을 느낀 코카콜라사에서 신제품 개발에 박차를 가하였다. 그리하여 개발한 신제품을 시장에 내놓기 전에 미국 전역의 도시에서 약 2년간 시음실험을 하였는데 대부분 신제품이 기존 콜라보다 좋다는 반응을 보였다. 이에 자신감을 얻은 코카콜라사는 대대적 홍보를 통해 '뉴코크'를 시장에 내놓는다고 하였다. 코카콜라사는 이 제품으로 팹시를 누르고 다시 시장점유율을 높일 수 있으리라는 기대를 하고 있었다.

 그런데 기대와 달리 사람들은 '뉴코크'를 강하게 거부하면서 기존의 콜라를 돌려달라고 하기 시작했다. 미국 각지에서 시위가 벌어졌다. 심지어는 자본주의를 비판하는 쿠바의 피델 카스트로까지 나서서 코카콜라사를 비난했다. 이에 당황한 코카콜라사는 기존의 콜라를 '코카콜라 클래식'이라는 이름으로 시장에 내놓았고 소비자들은 코카콜라를 과거보다 더 많이 마시기 시작했다. 코카콜라사는 결국 의도한 방식으로는 아니었지만 펩시에 잠식당했던 시장점유율을 다시 찾아올 수 있었다.

이렇듯 무언가를 손에 넣을 수 있는 기회를 제한하고 접근을 차단하려고 하면 그것을 더욱 강렬하게 원하기 시작하기 때문에 순희씨가 남자친구의 사랑을 지키려면 모든 것을 다 주거나 남자친구가 손 내밀면 항상 닿을 수 있는 거리에 있어서는 안 되는 것이다. 그렇다고 너무 멀리 달아나서도 안 되고 잡힐 듯 말 듯한 거리를 유지하면서 항상 'Available' 하지 않다는 것을 인식시켜서 계속해서 긴장감을 갖도록 해야 한다.

그래서 튕기는 여자가 매력적이라는 말이 나온 것이다. 튕기는 여자는 자신을 만날 수 있는 기회를 제한하기 때문에 남자로 하여금 더 강렬한 열망을 불러일으킬 수 있는 것이다. 로미오와 줄리엣이 서로를 강렬히 원했던 것도 원수의 가문의 사람이라 서로를 사랑해서는 안 되기 때문이었으리라.

협상테이블에서도 나라는 재화가 아무 때나 쉽게 얻을 수 있는 것이 아니라는 인식을 심어주어야 한다. 금, 은, 보석들이 가치있는 것은 흔하지 않기 때문인 것처럼 당신도 흔하지 않을 때 가치가 있다!!!

02 상대방을 '빚진 상태'로 만들어라!

'나는 준다'의 미래형은 무엇일까? 나는 줄 것이다? 아니다, '나는 받을 것이다'이다. 사람들은 상대방에게서 호의를 받으면 어떻게 해서든 이를 돌려주려고 하는 습성이 있다. 상호성의 원리, 다른 말로 'Give and Take'이라고 하는 것이다. 예를 들어 친구가 나에게 밥을 사주면 나도 친구에게 밥을 사려고 하고, 친구가 나를 생일파티에 초대하면 나도 그 친구를 생일파티에 초대하는 것이다.

우리 나라에서 다른 사람의 결혼식이나 장례식에 가서 부조를 하는 것도 내가 지금 부조를 하면 나중에 상대방도 나에게 부조를 하리라는 믿음이 있기에 가능한 것이다. 나는 부조를 하지만 나중에 돌려받을 기약이 없다면 아무도 부조를 하지 않을 것이다. 이처럼 상호성의 원리는 인간 사회를 이루는 근간이 되는 매우 중요한 원리이다.

이 원리는 우리들의 무의식에 매우 뿌리깊게 자리하고 있어서 우리는 누군가에게 호의를 받으면 반드시 돌려주려고 하게 된다. 그 호의가 자신이 원한 것이든 그렇지 않든 말이다. 인도의 한 종교 단체는 이 원리를 이용하여 공항에 오는 외국 손님들에게 꽃 한송이를 선물했더니 손님들이 모금함에 돈을 많이 넣어 순식간에 여러 개의 사원을 건축할 수 있었다고 한다.

암웨이도 처음에 '버그'라고 불리는 샘플상품을 고객들에게 무료로 돌렸는데 버그를 사용한 손님들이 실제로 암웨이 제품을 많이 구매한 것이다. 오늘날 마트에서 무료 시식코너를 이용하는 것도 이 원리를 이용한 것이다. 무료로 나눠주는 음식을 먹는 순간 손님들 마음 속에 무의식 중에 빚이 생겨 결국 상품을 구매하게 되는 것이다. 세상에 공짜는 없다는 말이 사실인 것이다.

어떤 악세사리 회사 직원은 고객을 만나러 나갈 때 여러 개의 악세사리를 하고 나간다고 한다. 물론 값이 많이 나가지 않는 것들로 말이다. 미팅 도중 고객이 악세사리에 관심을 보이면 그냥 가지라고 하면서 바로 빼어 준다고 한다. 고객은 뜻밖의 횡재에 기뻐하지만 실제로는 상호성의 원리에 걸려든 것이다. 나중에 이 직원이 무슨 부탁을 하였을 때 이 악세사리를 받은 사람은 부탁을 거절하기가 매우 어렵기 때문이다.

이러한 차원에서 보면 나중에 내가 필요할 때 다른 사람들의 호의를 이끌어 내고 싶으면 우선 내가 먼저 호의를 베풀어야 한다. 상대방을 '빚진 상태'로 만들기 위해서 말이다. 그런데 이 호의는 거창하고 큰 것일 필요가 없다. 작은 호의라도 '빚진 상태'는 유발되기 때문이다. 그리고 후술하는 것과 같이 작은 호의를 받고도 큰 호의를 돌려줄 수 있기 때문에 큰 호의를 베풀어야 한다는 부담을 가질 필요가 없다. 때로는 물질적인 선물이 아니라 따뜻한 말 한마디, 친절한 행동 하나도 상대방을 '빚진 상태'로 만들 수 있다.

미국에서 매력적인 외모가 사람들에게 어떠한 영향을 미치는 지에 대해 연구한 것이다. 우리 나라도 최근에 배심원 재판제도를 일부 도입했지만 미국은 오래 전부터 배심원 재판제도를 운영하고 있는데 피의자가 매력적일 경우와 그렇지 못할 경우 어떠한 결과를 가져왔는지를 비교해 본 결과 외모가 매력적인 여성피의자가 그렇지 못한 피의자에 비해 형사재판에서 6배 더 무죄판결을 받은 것으로 밝혀졌다. 그런데 더 놀라운 것은 민사 피해배상액 산정에서는 외모가 매력적인 피해자가 그렇지 않은 피해자에 비해서 20배 더 많은 배상액을 판결받았다고 한다.

이런 결과를 보면 더 아름다운 외모를 가지기 위해 성형수술을 하는 것을 마냥 지탄만 할 수는 없는 것 같기도 하다. 어쨌든 매력적인 외모는 다른 사람들에게 즐거움을 주고 다른 사람들은 이 즐거움에 대해서 보상을 해 준다는 것이다. 그래서 고대 그리스에서는 아름다움을 신의 축복이라고 했는지도 모르겠다. 그런데 앞에서도 설명한 바와 같이 매력이라는 것은 단순히 잘 생기고 못 생긴 것에서 나오는 것이 아니다. 잘 생겨도 호감을 주지 못하는 사람이 있고 못 생겨도 호감을 주는 사람이 있다. 이것은 후천적 노력, 특히 미소훈련을 통해서 얼마든지 달성될 수 있다.

그리고 얼굴은 그 사람의 마음모양이 어떻다는 것을 보여주는 거울이기 때문에 마음모양을 수련하면 더욱 더 호감을 주는 얼굴이 될 수 있다. 부처님이나 예수님이 자애로운 얼굴을 하고 계신 것은 그 안에 들어 있는 마음이 그렇기 때문일 것이다. 그리고 이 분들이 많은 사람의 사랑을 받는 것도 이 분들이 인류를 먼저 사랑했기 때문에 사람들도 그 사랑을 돌려주는 것이다. 따라서 여러분도 다른 사람의 마음을 얻으려면 먼저 여러분의 마음을 다른 사람에게 주어야 할 것이다.

03 용기있는 자만이 미인을 얻는다?

옛말에 '용기있는 자만이 미인을 얻는다'라고 했는데 여기서 용기는 어떤 용기를 말하는 것일까? 필자도 과거에는 이 용기가 싸움을 잘 하는 것을 의미하는 줄 알았다. 그런데 주변에 싸움 잘하는 사람을 둘러봐도 그리 미인들과 사는 것 같지가 않다. 그런데 개그맨들은 하나같이 부인들이 미인들이다. 많은 개그맨들이 아나운서나 항공사 승무원 아니면 미스코리아, 모델 등과 결혼한다. 물론 그렇지 않은 경우도 있지만 상당수가 그렇다는 것이다. 그런데 개그맨들이 잘 생겼냐 하면 그렇지도 않다. 개그맨들이 남을 웃기기에는 적합할지 몰라도 일반적으로 잘 생겼다는 기준에 부합하는 사람은 많지 않다. 그렇다면 이들은 별로 잘생기지 않은 외모로 어떻게 미모의 여성들을 꼬셨을까?

여러 가지 이유가 있겠지만 첫 번째 이유는 이들이 대부분 얼굴이 두껍다는 것이다. 남들 앞에 서서 웃기려면 얼굴이 얇아서는 안 된다. 기본적으로 얼굴이 좀 두꺼워야 한다. 창피함을 잘 몰라야 한다. 이들은 기본적으로 이런 자질을 가지고 있기 때문에 마음에 드는 여성을 발견하면 다른 사람보다 얼굴에 철판깔고 대시할 수 있는 자세가 되어 있다. 그리고 여성들이 거절을 하더라도 넉살좋게 다시 들이댈 수 있는 용기를 가지고 있다. 이들이 가진 장점은 바로 '거절당할 용기'인 것이다.

사람들은 대부분 거절당하면 창피하다고 생각하고 거절당할 두려움에 다른 사람에게 어떤 부탁을 하지 못하는 경향이 있다. 이런 말을 하는 필자조차도 다른 사람이 거절할 것을 미리 두려워해서 포기하는 경우가 허다하다. 그러나, 사람들은 상대방의 요구를 거절하는 순간 자신도 모르는 사이 미안한 마음이 생기고 이 미안한 마음은 빚이 된다. 그래서 언젠가는 이 마음의 빚을 털기 위해 그 사람의 요구를 들어주게 되는 것이다.

미인들도 처음에는 별로 마음에 들지 않는 남자들이 만나달라고 하면 거절하다가도 자꾸 만나달라고 하면 미안한 마음에 한 번만 만나주자 하다가 일단 만나서 이야기해보니 겉보기와 달리 진국이라고 생각하면 그 남자와 사귀게 되는 것이다. 개그맨들은 여기에다 유머코드까지 가지고 있으니 일단 미녀가 대화의 장으로 나오기만 하면 나에게 호감을 갖게 만드는 일이 더 쉬워질 것이다.

필자도 요구를 들어주지 않았다가 큰 빚을 갚은 경험이 있다. 필자가 충북 청주에서 전경대장을 하고 있을 때였다. 필자의 한참 후배 하나가 소대장으로 발령을 받아 왔다. 그런데 이 친구가 연초부터 찾아와서는 드릴 말씀이 있다고 하는 것이었다. 소대장은 서울 출신으로 서울에 결혼을 하기로 한 여자친구가 있는데 다른 직원들에게 듣자하니 서울로 가려면 근무성적평정(근평)을 잘 받아야 한다고 하니 근평을 좀 잘 달라고 벌써부터 부탁을 하는 것이었다. 필자는 '그래, 알았어, 잘 줄께'하고 돌려보냈다.

그러고는 1년 동안 생활하는데 전경대에서 필자가 가장 역점을 두었던 것이 부대환경정비였다. 그래서 화단도 만들고 연못도 파고 장미터널에 배모양 휴게공간에 별의별것을 다 했는데 이 모든 것을 하려다 보니 돈이 많이 들어갔다. 그런데 순경 출신 부대장이 지방청 예산계에 잘 말해서 예산을 따다가 이런 것들을 다 하게 해 주었다. 그래서 매우 고마워하고 있었는데 연말이 되어 근평을 하게 되자 상당히 고민이 되었다. 소대장과 부대장 중 누구를 잘 주어야 하는가? 물론 소대장이 열심히 하기는 했지만 일상 업무를 수행한 것이고 부대장은 특별한 공적이 있지 않은가? 그래서 고민하다가 부대장을 수를 주고 소대장을 양을 주어 행정반으로 내 보냈다.

그러고서 저녁 때가 되어 누가 문을 두드려서 열어 보니 소대장이 와 있었다. 들어오라고 해서 무슨 용무로 왔냐고 물으니 대뜸 '선배님, 저한테 근평을 잘 준다고 해놓고 왜 그렇게 주셨어요?'하는 것 아닌가? '아니, 내가 봉투에 잘 봉해서 내 보냈는데???' '아니, 근평을 잘 주기로 하셔 놓고 왜 그렇게 하셨냐고요?' '아니 내가 봉투에 봉해서 내 보냈다고!!!' '그런 말씀 하지 마시고 왜 약속을 안 지키셨냐고요!!!' '아니 내가 봉투에 봉해서 내 보냈다니까? 야, 근표(가명)야 이리 앉아 봐!, 그게 말이야 근평 잘 받는 것 하고 서울 가는 것하고 아무 상관도 없어!' '그러는 선배님은 왜 여기 계셔요?' '아, 나야 가고 싶어하지 않아서 그렇지!' '그런 말씀하지 마세요, 선배님 때문에 이제 여자친구랑 헤어지게 생겼습니다.'

'아, 야, 근표아, 밖으로 나가자' 이렇게 해서 소대장을 밖으로 데리고 나가 술을 사주면서 약속을 못 지켜서 미안하다 그런데 '그렇게 하지 않아도 서울갈 수 있다.'라고 열심히 달래주고 그 이후로도 틈만 나면 술 사줘 밥 사줘 하면서 달래다가 이듬 해 초에 발령이 나서 지구대장으로 자리를 옮겼다가 조금 있다가 경찰청 대테러센터로 가게 되었다.

경찰청에서 근무하고 있는데 중간 중간 소대장에게 전화가 와서는 '선배님, 잘 계시죠?' '그래, 근표야, 잘 있니?' '시골에서 그렇죠 뭐....' '어, 그래... 여자친구는?' '간당 간당해요...', '어, 그래...' '또 전화드릴께요, 수고하세요!' '그래, 근표야!' 이런 식으로 중간 중간 확인 전화가 계속해서 왔다. 그러다가 3년이 지나서 필자가 경찰교육원으로 자리를 옮기게 되었는데 그 해에 우리 부서에 경위 자리가 3자리가 나게 되었다. 필자는 과장님을 찾아가서 속된 말로 바지가랑이를 붙잡고 애원했다. '과장님, 경위 자리 중에 제발 한 자리는 제가 추천하는 사람으로 해 주십시오! 이만 저만 해서 제가 이 친구를 서울에 끌어 놓지 않으면 잠을 잘 수가 없습니다.' 하고 애원했더니 과장님께서 그동안 필자가 수고한 노고를 봐서 청을 들어주기로 하셨다. 결국 근표는 서울에 올라 올 수 있었고 필자는 교육원으로 내려갔다.

그 후로는 근표에게서 더 이상 전화가 오지 않았다. 이제는 근표가 높은 데 있으니 필자가 전화를 해야 했다. '근표야, 잘 지내니?' '예, 선배님, 바쁜데 어쩐 일이세요?' '응, 어떻게 지내나 궁금해서... 그래 여자친구하고 결혼해야지!' '아, 그게요, 여자친구하고는 헤어졌어요!' '아니, 왜? 너 그 친구하고 결혼하려고 그렇게 서울에 오고 싶어 했잖아? 왜 헤어졌는데' '종교가 달라서요.' '종교가 다른 걸 그전에는 몰랐어?' '아니, 그게, 서울에 와서 자주 만나다 보니 그게 더 부각되더라구요.' '뭐야?' '아, 선배님, 저 바쁘니 다음에 통화해요.' 철컥 뚜뚜뚜 '근표야, 근표야...'

필자는 후배에게 얻어 먹은 것이 하나도 없는데 왜 빚을 갚아야 했을까? 그렇다. 후배의 요구를 들어주지 못했기 때문이다. 누군가로부터 무엇을 받지 않더라도 마음의 빚이 생기고 이것을 언젠가는 갚아야 한다는 것이다. 사람들은 마음 속에 'Mental Account(정신 계정)'을 가지고 있어서 균형(Balance)를 항상 맞추려 한다고 한다. 그래서 빚진 것이 있으면 갚으려고 하고 받은 것이 있어도 돌려주려고 하는 것이다.

04 헌집 줄게, 새집 다오!

우리 옛말에 '베풀면 복 받는다'라는 말이 있는데 과연 그럴까? 요즘 초등학생들은 '흥부처럼 살지 말고 놀부처럼 살아야 잘 산다'라고 동화 뒤집어보기를 하기도 한다는데 과연 움켜쥐고 인색하게 사는 것이 좋은가 아니면 다른 사람들에게 내가 가진 것을 나눠주며 베풀며 사는 것이 좋은 것인가?

미국에서 데이트하는 커플들을 연구해 보았더니 어떠한 이유에서든 커피값이라도 남자에게 부담하게 한 여자들은 나중에 그 남자와 성관계를 할 가능성이 더 크더라는 것이다. 이 여성들은 본인이 부담해야 할 커피값을 남성에게 부담시킨 것이 마음의 빚이 되어 나중에 더 큰 것으로 갚았다는 것이다.

그리고 2차 세계대전 당시 한 독일 병사는 미군을 생포하기 위해 미군의 참호에 뛰어들었는데 그때가 마침 점심시간이어서 미군병사가 빵을 한 조각 베어 물고 있었다. 빵을 먹던 미군병사는 누가 갑자기 쳐들어와 총을 겨누자 무의식 중에 먹던 빵을 내밀었고, 독일 병사도 멋모르고 이 빵을 받아 들었다. 독일 병사는 고민이 되었다. 이 미군병사를 잡아갈 것인가 그냥 갈 것인가? 잠깐 동안 고민하던 독일 병사는 그 빵을 들고 그냥 돌아가 버렸다. 먹던 빵 한 조각을 주고 목숨을 구한 것이다.

태국의 TV 광고 중에 이런 것이 있다. 시장에서 한 아이가 아픈 엄마를 위해 약을 훔치다가 주인 아주머니에게 걸린다. 주인 아주머니가 아이를 야단치는 것을 보고 앞집 만두 가게 아저씨가 와서는 약값을 물어주고는 아이에게 만두가 든 봉지를 내민다. 아이는 아저씨를 잠시 동안 바라보다 만두봉지를 들고 냅다 달려간다.

30년의 세월이 흘러 아저씨는 여전히 만두가게를 운영하면서 거지에게 공짜로 만두를 주는 등 선행을 하고 살아가는데 어느 날 갑자기 뇌출혈로 쓰러지게 된다. 아저씨는 급히 수술을 받고 딸이 수술비 청구서를 받는데 엄청난 액수의 수술비용이 모두 0으로 되어 있었다. 그리고 하단에 '당신의 수술비는 만두 3개, 음료수 하나와 함께 30년 전에 이미 지불되었습니다.'라고 적혀 있었다. 그때 그 아이가 자라서 의사가 된 것이다. 아저씨의 작은 선행이 훗날 자신의 목숨이라는 큰 보상으로 돌아오게 된 것이다.

이처럼 많은 경우에 사람들은 자신이 받은 것보다 더 많은 것을 주기도 한다. 되로 받고 말로 주는 것이다. 그러니 다른 사람에게 작은 것이라도 주는 것을 아까와 하지 말라. 그것이 더 큰 보답으로 돌아올 수도 있으리라.

05 인간은 '따라쟁이'

스펀지에서 재미있는 실험을 한 적이 있다. 여러 명이 한 방에 있다가 옆방에서 연기가 나기 시작했을 때 처음으로 일어나서 문제에 대해 알아보려고 하는데까지 얼마나 걸리는가 하는 것이다. 1명이 있을 때와 5명, 10명이 있을 때 언제가 가장 짧은 시간에 누군가가 일어나 연기가 나는 방을 확인하였을까? 10명이 있을 때는 상당한 시간이 걸려서야 한 사람이 일어났고 5명을 그것보다 빠른 시간에 일어났으며 1명만 있었을 때에는 거의 즉각적으로 자리에서 일어나 옆방을 확인하러 갔다.

이 실험은 미국 뉴욕에서 일어났던 사건을 재연하기 위해 이루어진 것이다. 뉴욕 퀸즈에 거주하던 제노비스라는 여성(29세)은 한밤중에 집으로 돌아가고 있었다. 그런데 갑자기 뒤에서 괴한이 나타나 그녀를 공격하기 시작했다. 제노비스는 도망치면서 소리를 질렀고 범인은 그녀를 한 번 찌른 후에 계속해서 쫓아오면서 3번을 찌르자 결국 그녀는 쓰러지고 말았는데 그녀가 쓰러질 때까지 총 38명의 주민들이 창밖으로 이 장면을 목격하였는데 38번째 사람이 목격할 때까지 아무도 경찰에 신고하거나 그녀를 도와주려고 하지 않았다.

다음 날 뉴욕타임즈에는 '뉴욕시민들의 시민의식은 실종되었는가?'라는 타이틀로 이 사건이 대서특필되었다. 어떻게 한밤중에 여성이 괴한에게 무참히 공격당하고 있는데 아무도 구해주지 않을 수가 있는가? 그런데 이 사건에 있어서 시민의식을 탓하기 보다는 인간의 본성을 탓해야 할 것이다. 대부분의 사람들은 창조자가 아니라 모방자이고 선구자가 아니라 추종자들이다. 그리고 이것은 사람만이 아니라 대부분의 동물들의 특성이기도 하다.

우리는 일반적으로 사슴이나 산양들이 발정기가 되어 수컷들이 싸움을 벌여 한 마리가 승리하면 무리의 암컷들이 모두 대장 수컷하고만 교미를 하는 것으로 알고 있다. 그러나 학자들이 연구한 바에 의하면 꼭 대장이 아니더라도 한 암컷이 평범한 수컷과 교미를 하면 다른 암컷들도 그 수컷과 교미를 한다는 것이다. 그리고 이러한 현상은 열대 물고기에서도 발견된다고 한다. 내가 어떤 결정을 먼저 하기보다는 다른 친구가 한 결정을 보고 따라하는 편이 더 안전하고 편안한 것이다.

따라서 만약 사무실의 여직원이 '부장님, 여자들한테 인기 좋은 편이세요?'라고 한다면 무엇이라고 대답하는 것이 좋을까? '내가 무슨 여자한테 인기가 있겠어…'라고 겸손하게 말하는 것이 좋을까 아니면 '아휴, 여자들은 나를 왜 이렇게 좋아하는지 모르겠어, 이 놈의 인기는 어딜 가나 식을 줄을 몰라!'라고 하는 것이 좋을까?

06 '완장'의 힘

아주 오래전 베스트극장인가 하는 코너에 이대근이 주연으로 출연하는 '완장'이라는 영화가 있었다. 한 시골 마을에 영철(가명)이라는 청년이 있었다. 이 청년은 덩치는 크지만 지능이 좀 모자라는 사람이었다. 그러던 어느 날 마을 저수지 주인이 이영철에게 저수지 경비를 맡아달라면서 '반장'이라는 완장을 채워준다. 영철은 그동안 마을 사람들에게 얼치기로 통했고 본인도 바보처럼 행동해 왔는데 완장을 차고부터는 완전히 딴 사람으로 변하기 시작했다. 완장은 영철을 저수지의 절대 권력자로 변화시켰고 영철은 점점 딴 사람이 되어 갔고 마을 사람들도 어안이 벙벙하긴 하지만 영철의 권위를 인정하지 않을 수 없었다.

사람들이 얼마나 권위에 복종하는 성향이 강한지에 관한 역사적인 실험이 예일대에서 진행되었다. 이 실험은 한 TV 프로그램에서도 소개된 바 있는데 이 실험을 주관한 밀그럼 교수는 기억에 관한 실험을 한다고 하고서 자원자들을 모았다. 이렇게 모인 자원자들을 한 쪽은 선생님, 한 쪽은 학생 역할을 하도록 했다. 선생님 역할을 맡은 사람은 학생에게 '바나나-길어', '기차-빨라' 등의 연상단어를 가르쳐 주었고 나중에 얼마나 단어를 암기하는지를 테스트했다.

학생들은 한 문제를 틀릴 때마다 15볼트의 전기충격을 받았고 한 문제를 더 틀리면 15볼트가 더 추가 되었다. 학생들은 150볼트가 되면 머리에 연기가 나고 300볼트가 되면 코피를 흘렸다. 최대 450볼트가 최대치였는데 학생들이 괴로워하는 모습을 보고는 선생은 밀그럼 교수에게 실험을 중단할 것을 요청하지만 밀그럼 교수는 무조건 실험을 계속하라고 한다. 선생님들은 자신이 원하면 충분히 실험을 중단할 수도 있었지만 밀그럼 교수의 명령에 거의 맹목적으로 복종하였다.

실험 참가자들의 2/3가 450볼트까지 전압을 올렸고 여성들도 남성들과 차이가 없었다. 이 실험을 통해 인간이 얼마나 권위에 복종하는 성향이 강한지 이해하게 되었다. 히틀러 밑에서 그의 지시를 받아 수많은 유태인을 학살한 아돌프 아이히만 같은 사람도 그를 검사한 정신과 의사 5명이 모두 정상이라는 판정을 내렸다. 그 중 한 명은 의사인 자신보다 더 정상이라고 했는데 어떻게 정상적인 사람이 그런 악랄한 짓을 저지를 수 있었을까? 이런 질문에 대한 대답이 이 실험을 통해 얻어진 것이다.

인간은 권위에 복종하는 성향이 있기 때문에 제복을 입은 사람이나 계급장을 보면 무의식 중에 복종하려는 성향이 있다. 그런데 이러한 권위는 눈에 보이는 것 뿐만이 아니라 눈에 보이지 않는 전문적 지식에 대해서도 부여된다. 따라서 의사, 변호사 등 전문적 지식을 가진 사람에게도 복종하는 성향을 보이게 된다. 우리가 따는 각종 자격증 등도 이러한 전문적 권위의 상징물이 될 수 있다.

07 사람들은 자기가 좋아하는 세일즈맨에게서 차를 산다.

'조 지라드'는 12년 연속 전 세계에서 차를 가장 많이 판 세일즈맨으로 기네스북에 기록되어 있다. 많은 사람들이 그가 차를 많이 파는 비결을 궁금해 했다. 지라드는 여기에 특별한 비결이 없다고 하면서 이렇게 말한다. 사람들은 자기가 좋아하는 세일즈맨에게서 차를 산다. 따라서 사람들이 나에게서 차를 사게 하려면 사람들이 나를 좋아하게 하면 되는 것이다.

아주 간단한 말 같지만 그렇다면 사람들이 어떻게 나를 좋아하게 할 것인가? 지라드는 거래가 끝난 다음에 고객들에게 전화를 한 통하는 등의 남다른 방법이 있기도 했지만 여전히 다른 사람이 나를 좋아하게 하는 것은 쉬운 일은 아닌 것 같다.

카네기 인간관계론에 보면 인간관계를 잘 하는 법을 배우고 싶으면 동네 개한테서 배우라는 말이 있다. 개들은 아침에 출근했다가 집에 돌아가면 마치 일 년은 못 만난 것처럼 반겨준다. 인터넷에서 이라크에 파병갔다 2년 만에 돌아온 병사들을 반겨주는 개들의 동영상이 나왔는데 이 장면을 지켜보던 병사의 아내가 눈물을 흘릴 정도로 감동적인 장면이었다. 개들은 꼬리를 흔들면서 열렬히 주인을 사랑해 주기 때문에 주인도 개들을 사랑해 주는 것이다. 사람들이 나를 좋아하게 하는 가장 좋은 방법은 내가 먼저 그들을 사랑하는 것이다. 상호성의 법칙! 먼저 사랑을 주라, 그러면 상대도 당신에게 사랑을 줄 것이다.

　주변에 있는 사람들이 나에게 불친절하고 짜증나게 하고 싸움을 걸어오는가, 아니면 친절한 미소와 애정 어린 눈길로 나를 바라봐 주는가? 내 주변에 있는 사람들은 내가 그들에게 준대로 나에게 돌려주고 있기 때문에 그들이 나를 대하는 모습이 내가 그들을 대하는 모습일 것이다.

08 향단이를 데려가라...

얼마 전에 우리 집에 7살짜리 조카 서준이가 놀러 왔었다. 오래 만에 놀러 왔던 터라 우리 아들 지성이와 어울려서 하루 밤 자면서 신나게 놀았다. 그런데 다음 날 저녁 때가 되어서 엄마가 집으로 돌아가자고 하자 하루 밤 더 자고 가겠다고 떼를 쓰는 것이었다. 그러자 엄마는 '아빠가 허락하면 그렇게 해 줄께'라고 했다. 서준이는 아빠에게 전화를 걸어 '아빠, 형아가 내일 가족 여행을 가는데 나도 따라가고 싶어!' '서준아, 그건 안 돼! 이모가 힘드셔!' '그래? 그럼 그 대신에 여기서 형아랑 하루 밤 더 자고 갈께!' '알았어, 그렇게 해...' 서준이는 타고난 협상가인 거 같다. 누가 가르쳐주지 않았는데도 '대조의 법칙'을 알고 있으니 말이다.

미국의 한 부동산 업자는 멀쩡한 집들 사이에 여기 저기 낡고 허름한 집을 한 채 보유하고 있다고 한다. 손님들이 집을 보러 오면 일단 이 허름한 집을 먼저 보여준다고 한다. 사람들은 당연히 그 집에 마음에 들지 않기 때문에 다른 집을 보여 달라고 하고 이 때 멀쩡한 집을 보여준다고 한다. 그러면 사람들이 그렇지 않았을 때보다 훨씬 수월하게 집을 사겠다고 계약서에 사인을 한다고 한다.

일전에 EBS에서 대조의 효과에 관한 실험을 실시했다. 제작진은 대학생들을 상대로 가정형편이 어려운 학생들에게 무료로 과외공부를 시켜줄 수 있냐고 물었는데 A그룹에게는 그냥 주말에 한 번만 과외공부를 시켜달라고 하고 B그룹에게는 8주간 아이들에게 공부를 시켜줄 수 있냐고 먼저 묻자 대부분 난색을 표명하며 거부의사를 밝혔다. 그러자 제작진이 그럼 한 주만 해줄 수는 없냐고 하자 대부분 그러겠다고 대답하는 것이었다. 그냥 한 주만 봉사를 해 달라고 했을 때는 응하기 싫던 봉사활동을 8주 할거냐 1주만 할거냐로 바꾸자 모두 그 정도는 할 수 있다고 된 것이다.

가난한 동네에서 자살을 많이 할까, 부자동네에서 자살을 많이 할까? 프랑스 파리경제대학의 앤드류 클라크 박사 연구팀은 유럽인들의 소득비교의식과 삶의 만족도를 조사하였는데, 조사결과 같은 임금을 받아도 월급액 비교에 연연하는 사람은 삶의 만족도가 떨어지는 것으로 나타났다. 그리고 미국 워릭대학교 앤드류 오스왈드 교수님이 연구한 바에 따르면 유타주가 삶의 만족도는 1위였지만 자살률도 9위로 비교적 높은 편이었으나 뉴욕주는 삶의 만족도가 45위로 최하위권이었으나 자살률은 미국 주들 중에 가장 낮았다. 미국의 다른 주들에서도 삶의 만족도가 높으면 자살률도 높고 만족도가 낮으면 자살률도 낮았다.

이는 만족도가 높으면 자살을 덜 할 것이라는 일반적인 믿음에 배치되는 것인데, 왜 이런 결과가 발생한 것일까? 이에 대해 연구팀은 '부유한 지역사람들은 다른 사람들과 자주 비교하게 되어 상대적 박탈감이 더 커지게 되기 때문에 오히려 더 쉽게 비관적이 될 수 있다는 것이다. 예전에 서울역에 있는 거지가 누굴 부러워할 것 같으냐고 물은 적이 있다. 글쎄요, 이건희 회장? 아니다. 서울역에 있는 거지는 이건희 회장이 아니라 자기보다 좋은 자리를 차지하고 있는 옆에 있는 거지를 부러워한다는 것이다. 사람은 누구나 멀리 있는 사람보다 자신과 가까이 있는 사람과 자신을 비교하는 것이다.

　이러한 대조의 효과들에 관한 연구결과들을 본다면, 만약 내가 코성형을 하고 싶은데 남편에게 코성형을 해 달라고 하면 허락해 줄 확률이 얼마나 될까? 이럴 땐 먼저 턱도 깎고 쌍꺼풀도 하고 코도 하고 싶다고 한다. 그러면 남편이 너 미쳤냐고 할 것이다. 그러면 일주일 후에 '자기야, 내가 생각해 봤는데 턱 깎는 건 위험하기도 하고 돈도 너무 많이 드니까 안 하고 쌍꺼풀하고 코만 할께'라고 한다. 그러면 남편이 또 '니가 무슨 연예인이냐 그렇게 많이 고치게?'라고 할 것이다. 그럼 또 한 일주일 후에 '자기야, 그럼 내가 차포 떼고 코만 할게, 응?'이라고 하면 남편이 더 이상은 거절하기 어려울 것이다.

　춘향전에는 항상 못생긴 향단이가 필요하다. 춘향이가 더 예뻐 보이게 하기 위한 포석인 것이다. 미팅 나갈 때 여자들은 본능적으로 자기보다 예쁜 친구를 데려가서는 안 된다는 것을 알고 있는 것 같다. 그래서 항상 '내 친구 예쁜 애 있는데 데리고 나올까?'해서 그러라고 하면 자기보다 예쁜 친구는 절대 데리고 나오지 않는다.

　필자도 가끔 이 대조의 법칙을 활용하는데 예를 들어 우리 아이들에게 가끔씩 좋은 것을 먹거나 좋은 장소에 가서는 '애들아, 니들은 북한에 안 태어나서 다행이야. 조금만 삐끗해서 북한에 태어났더라면 어쩔 뻔 했니?'라고 하면 아이들이 그냥 아무 생각없이 먹을 것도 '그래, 맞아'하면서 매우 맛있게 감사한 마음으로 먹곤 한다. 향단이를 데려가라!

09 한발 들이밀기!

어느 심리학과 교수님 아들, 명식(가명)이 강의실에서 수업을 듣다가 아주 마음에 드는 여학생을 발견하였다. 명식은 며칠 동안 고민하다가 용기를 내서 그 여학생에게 다가가서 작은 소리로 '저 시간 있으시면 저하고 식사 한번 하실래요?'라고 했다. 그 여학생은 놀란 눈으로 '어머, 저 남자친구 있어요, 왜 이러세요!'라고 아주 큰 소리로 이야기하더란다.

명식이 아버지에게 학교에서 이렇게 망신당한 이야기를 했더니 아버지가 '아들아 너는 아빠가 심리학자인데 좀 물어보고 하지 그랬니?' '심리학자면 여자 꼬시는 데 뭐 방법이 있나요?' '그럼, 있지. 일단 아빠 어깨 좀 주물러 봐라.' 대상자가 무언가를 얻으려면 자기도 무언가를 내놓아야 한다는 것을 인식시켜주어야 하기 때문에 절대로 공짜로 알려주지 않기 위해 안마를 시킨다.

'아들아, 우선 사람들에게는 임계 거리(Critical Distance)'라는 것이 있어. 그 안으로 모르는 사람이 들어오면 경계심을 나타내고 공격적이 될 수 있다.' 얼마 전 동물농장에서 어떤 며느리가 시집을 갔는데 그 집 개가 며느리를 너무 미워해서 보기만 하면 짖고 물고 하는 통에 방에 갇혀 지내고 남편이 잡아주지 않으면 겁나서 화장실도 못갈 지경이었다.

이에 동물농장에 제보를 해서 전문가가 나왔는데 그 개가 집 전체를 자신이 지켜야 할 영역으로 인식하기 때문에 영역을 좀 줄여주어야 한다는 것이다. 그래서 의자 위에 둥근 방석을 놓고 그 위에 올려놓자 개가 며느리를 보아도 짖지를 않았다. 이후 산책을 시켜주기도 하면서 둘이 매우 친하게 되었다.

사람도 동물과 마찬가지여서 일정한 영역성이 있는데 일반적으로 이 거리가 3m 정도이다. 그런데 또 너무 멀어지면 관심이 없어지므로 5m보다 떨어져서는 안 된다. 따라서 3-5m 거리에 며칠 동안 알짱거려 주어야 한다. 그러면 이 여학생과 부지불식간에 어느 정도의 친밀감이 쌓인다. 여기에다 강의시간에 교수님에게 날카로운 질문을 몇 개 던지면 여학생의 호감을 살 수 있다.

여기까지 1단계 작업이 끝나면 2단계로 첫 번째 'Yes'를 받아내야 한다. 어떻게 하면 거절할 수 없는 요청을 할 수 있을까? 여기가 강의실이니까 여학생에게 지우개를 잠깐만 빌려 달라고 한다. 대부분의 여학생은 이런 요구를 거절하지 않는다. 만약 이런 요구도 거절하는 여학생이라면 사귈 필요가 없다. 일생이 피곤할테니까...

이렇게 첫 번째 'Yes'를 받아 내고 나면 두 번째 'Yes'를 받아야 하는데 자판기에서 따뜻한 캔 커피를 한 잔 뽑아서 주는 것이다. 그러면 여학생은 자신이 명식이에게 베푼 호의가 있기 때문에 이 커피를 받을 수 있다. 이것을 상호성의 법칙이라고 한다. 커피를 받아드는 순간 자연스럽게 두 번째 'Yes'를 한 것이다. 여기까지 하면 다음에 차 한잔 하자거나 식사를 같이 하자는 요청을 거절하기 매우 힘들어진다. 두 번 연속 'Yes'를 하다가 'No'를 하려면 심리학적으로 굉장히 복잡한 프로세스를 거쳐야 한다. 이를 일관성의 법칙이라고 한다.

이렇게 작은 것부터 시작해서 점점 큰 요구사항으로 옮아가는 것을 '살라미 테크닉' 또는 '한발 들이밀기 전략'이라고 한다. 물론 이와 반대로 가야 하는 경우도 있지만 대부분의 경우에는 이 방법을 사용하는 것이 효과적이다.

미국의 한 경찰서에서 비버리힐즈 같은 부촌 앞에다가 커다란 안전운전 광고판을 세우고자 했다. 그래서 경찰관이 찾아가서 마을사람들에게 안전운전 광고판을 세우고 싶다고 하자 마을사람들은 우리 동네가 어떤 동네인데 그런 싸구려 광고판을 세우느냐, 명품 브랜드 광고판을 세워도 시원치 않은 판에 무슨 소리냐 하면서 완강히 거절하였다. 결국 그 마을에는 광고판을 세우지 못하고 그 옆 마을로 갔다.

이 마을에서는 이전의 실패를 거울삼아 처음부터 안전운전 광고판을 세운다고 하지 않고 먼저 경찰관들이 나가서 마을 사람들이 운전하는 차에 '나는 안전운전자입니다.'라고 쓰여진 조그만 스티커를 붙여 주면서 '안전운전 하세요!'하고 인사를 했다. 그러자 주민들은 대부분 기쁜 마음으로 그 스티커를 부착하도록 해 주었다. 그렇게 일주일의 시간이 흐른 뒤에 경찰관들이 마을 주민들을 찾아가 마을 어귀에 안전운전 광고판을 세우게 해 달라고 하자 이번에는 아무도 반대하는 사람이 없었다. 안전운전자가 안전운전 광고판을 거부할 수 없었기 때문이다.

10 자아팽창감을 주어라!

가수 김수희씨의 노래 '애모'에 보면 '그대 앞에만 서면 나는 왜 작아지는가?'라는 가사가 나온다. 한 남자에 대한 여자의 슬픈 사랑의 감정을 노래한 것인데, 실제로 내 애인이나 배우자가 내 앞에서 작아지는 느낌을 갖는다면 어떻게 될까? 배우자가 나를 인정하지 않고 내가 하는 모든 일들을 하찮게 여기고 내 존재가치를 별로 존중하지 않는다면 어떤 생각이 들까?

대부분의 사람들이 남자들이 바람을 피게 되면 아내보다 예쁜 여자를 만나서 바람을 필 것이라고 생각하는데 실제로 불륜을 저지르다 걸려온 사람들을 보면 불륜녀가 아내보다 예쁜 경우는 거의 찾아보기 힘들다. 조사하는 경찰관마저도 '예쁜 본부인 놔두고 왜 더 못생긴 여자와 바람을 필까?'하고 의아해할 정도이다.

왜 그럴까? 이 책의 앞 부분에서 설명한 바 있는데 남성은 여성의 외모에 현혹되기 보다는 여성이 보내는 신호, 몸짓, 태도 등에 더 영향을 받는다. 특히 어떤 여성과 만났는데 그 여성이 이 남자가 하는 모든 것들을 존중해 주고 '오빠 정말 멋있어!'라고 인정해 주면 아내 앞에만 서면 작아만 졌던 자신이 이 여성과 있으면 커지는 느낌을 받게 된다. 이것을 '자아팽창감'이라고 한다. 인간은 누구나 존중받고 싶은 욕구를 가지고 있다.

존 듀이는 '인간의 내부에 존재하는 가장 강렬한 욕망은 중요한 사람이 되는 욕망이다.'라고 말했다. 심지어 범죄자들도 자신이 체포된 이후에 자신을 영웅처럼 묘사한 신문기사를 보여달라고 요구하기도 한다. 그런데 부인이 이런 인간의 욕망과는 반대로 배우자를 중요하지 않은 사람, 하찮은 존재로 만들어 버리면 부인에 대한 마음의 문이 닫히게 된다.

따라서, '어머, 당신 정말 대단하다!' '어떻게 그런 걸 다 알아!' '와, 나는 왜 미처 그런 걸 생각하지 못했을까?' '당신이 정말 자랑스러워!' '당신은 나의 부족한 부분을 채워주는 사람이야!'와 같은 말들을 해 주면 상대방은 자아팽창감을 가지게 되고 이런 느낌을 주는 사람과 함께하고 싶어지게 된다.

11 칭찬의 역효과!!!

칭찬의 힘에 대해서는 굳이 말하지 않아도 이제 많은 사람이 알고 있는 듯 하다. 「칭찬은 고래도 춤추게 한다」라는 책이 나온 이후에는 더욱 그러한 것 같다. 일반적으로 사람들은 고래에게 묘기를 하도록 만들기 위해서 먹이를 주어야 하는 것으로 알고 있지만 먹이를 주지 않고 쓰다듬어 주고 칭찬해 주는 것만으로도 고래는 어려운 묘기를 해 낸다는 것이다.

동물도 그러할진데 사람은 오죽하겠는가? 그런데 우리는 칭찬이 좋다는 것은 알지만 칭찬하는 방식은 제대로 알지 못하고 있는 경우가 많다. 부모들에게 아이가 줄넘기를 하거나 문제를 풀 때 옆에서 칭찬을 해 달라고 부탁했더니 '우리 성진이, 최고야, 천재다, 정말 잘한다!' 라는 말만 되풀이하고 어떻게 칭찬해야 할지 잘 모르고 있었다.

그리고 칭찬은 우리가 생각하고 있는 것처럼 긍정적인 효과만을 가지고 있지 않다. 매우 심각한 역효과를 가지고 있는 것이다. 일전에 EBS에서 칭찬의 효과에 관한 실험을 실시했었다. 실험실에 들어온 아이들 단어카드를 보고 3분 동안 이를 암기한 후 기억나는 만큼 칠판에 써야 했다.

A그룹에서는 아이들이 암기하는 것을 칠판에 쓰기 시작하자 이를 평가하는 선생님이 '야, 너 정말 똑똑한데! 정말 잘한다! 대단하다!'하는 칭찬들을 해주고 B그룹에서는 '야, 수진이가 짧은 시간인데도 노력

을 많이 했구나!' '열심히 했네!'라는 칭찬을 해 주었다.. 그리고 중간에 선생님이 갑자기 급한 전화를 받고 단어장들을 테이블 위에 올려 놓은 채로 교실을 나가게 된다.

자, 이제 혼자 남은 아이들은 어떻게 행동할까? 테이블 위에 올려진 단어장을 컨닝할 것인가 말 것인가? 아이들은 눈치를 보며 괴로워한다. 그러다가 결국 A그룹의 아이들은 모두 단어장을 들춰 보고 말았지만 B그룹의 아이들은 그렇지 않았다. A그룹 아이들은 왜 이런 행동을 하게 되었을까? 이 아이들은 '똑똑하다, 정말 잘한다'라는 말을 들었기 때문에 이런 기대에 부응하기 위해서 나쁜 짓이지만 컨닝도 서슴치 않았던 것이다. 똑똑한 아이가 암기력이 나쁘다면 말이 되지 않지 않는가? 반면 B그룹의 아이들은 단지 노력했다는 부분만을 칭찬받았기 때문에 굳이 컨닝까지 해 가면서 자신이 더 똑똑하다는 것을 증명할 필요가 없었던 것이다.

그리고 또 다른 실험에서 아이들에게 수학 문제를 풀게 한 후 A그룹과 B그룹의 아이들에게 위와 같은 칭찬을 해 주었다. 문제를 다 푼 후에 아이들에게는 두 개의 상자가 제시되는데 한 상자에는 문제 풀이방법이, 다른 상자에는 다른 아이들의 성적이 들어있다고 알려 주고 어떤 상자를 선택하겠느냐고 물었다. A그룹 아이들은 모두 다른 아이들의 성적이 들어있는 상자를 열어보겠다고 했고 B그룹 아이들은 풀이방법이 들어 있는 상자를 열어보기를 원했다.

'최고다, 천재다'라고 칭찬을 받은 아이들에게는 문제풀이방식보다 다른 아이들을 이기는 것이 더 중요해진 반면 그런 소리를 듣지 않은 아이들에게는 다음에는 보다 향상될 기회를 줄 수 있는 문제풀이 방식이 더 중요했던 것이다. 오늘 날 우리 사회에 만연한 성적지상주의가 혹시 이런 잘못된 칭찬이 낳은 부작용은 아닐까 생각하게 만드는 결과이다.

이처럼 칭찬은 우리가 생각하는 것처럼 마냥 긍정적인 효과만 있는 것이 아니기 때문에 제대로 알고 잘 칭찬해야만 우리가 원하는 효과를 얻을 수 있다. 다시 말해, '네가 최고다, 천재다'처럼 당사자도 받아들이기 힘든 칭찬보다는 '수진이가 짧은 시간인데도 노력을 많이 했구나!' '열심히 했네!'라고 상대방의 노력을 칭찬해 주는 것이 바람직하다고 할 수 있다.

그리고 일반적이고 추상적인 칭찬보다는 구체적인 칭찬이 더 좋다. 예를 들어, 여성에게 그저 '예쁘다, 아름답다'라고 하는 것보다는 '오늘 자켓이 참 예쁘다.' '오늘 한 귀걸이가 정말 예쁘다.'처럼 그녀가 오늘 노력한 것을 구체적으로 칭찬할 때 더 큰 효과를 볼 수 있다.

일반인을 위한 위기협상

제4부

이해 안 되는 인간들과 협상하기

이 장에서 소개된 정신장애의 유형들에 대해 읽다보면 내 가족이나 직장에 있는 사람들 중에 누군가가 떠오를 것이다. 예를 들어, 자기애성 장애 파트를 읽다 보면 세상이 다 자기 중심으로 돌아가고 다른 사람들에게는 관심이 없고 오로지 자기만이 중요하다든가, 너무 청결에 집착한 나머지 내가 보기에는 깨끗한 것 같은데 계속해서 집안 청소를 하는 엄마라든가, 시간에 지나치게 집착하여 시간을 잘 지키지 않으면 불같이 화를 내는 사람이라든가, 하는 일이 모두 남들에게 보여주기 위한 것으로 무대 위에서 하는 행동과 무대 아래에서 하는 행동이 너무도 다른 누군가가 떠오를 것이다.

여러분은 그동안 이런 사람들을 도저히 이해하기 힘들었고 이들 때문에 상당한 고통을 받아 왔을 것이다. 이런 사람들이 내 가족 구성원이거나 직장 상사나 동료라면 그 고통은 훨씬 더 심할 것이다. 그런데 이런 사람들의 증세와 특징들에 대한 지식을 쌓게 되면 이들이 좀 더 이해되고 이들과 잘 어울려 살 수 있는 방법을 찾게 될 수 있다. 그러면 여러분의 삶은 좀 더 수월해 질 것이다.

그리고 인간은 정도의 차이이지 이러한 증상들을 조금씩은 다 가지고 있다. 우리는 모두 조금씩은 우울하기도 하고 때로는 불같이 화가 나기도 하며, 다른 사람이 볼 때와 그렇지 않을 때 다르게 행동하고, 모두가 나 자신이 세상에서 가장 중요하고, 가끔은 수퍼맨이 되어 하늘을 날아다니고 싶어 한다. 따라서 이러한 여러 가지 인간의 성격유형에 대해 알게 되면 나 자신을 더 잘 이해할 수 있게 되고, 나아가 성격이 이상한 사람들과도 좀 더 잘 어울려 살 수 있게 될 것이다. 지금부터 이상한 나라의 엘리스들을 만나보러 가기로 하자!!!

01 세상은 나의 무대! - 연기성 성격 장애

 김미희(가명, 27세)는 오늘도 속이 훤히 들여다 보이는 시스루를 입고 반짝이 망사 스타킹을 꺼내 신는다. 가슴은 깊이 패여서 골이 보인다. 눈에는 스모키화장을 하고 입술에는 짙은 핑크색 루즈를 칠했다. 미희는 이렇게 항상 남들 눈에 잘 띄는 차림을 하고 시내에서 친구를 만나는 것을 좋아한다. 미희는 사교성이 좋아서 처음 만나는 친구들에게도 자신의 속 깊은 얘기를 잘 털어 놓는다. 미희는 어떻게 하면 다른 사람이 자신을 좋아하는지를 잘 알고 있기 때문에 친구들 사이에서 '상여시'로 통한다. 하지만 사귀던 남자친구가 헤어질 것 같은 분위기만 풍겨도 갑자기 돌변하여 폭발적으로 화를 낸다. 변덕도 심해서 방금 전까지 기분이 좋아서 방방 뜨다가도 금새 우울해져 눈물을 흘리기도 한다.

 연기성 성격 장애는 과도한 감정성, 주목 추구성, 흥분 욕구와 말과 행동에서 현란한 연극성을 보이고, 인상주의적이고 충동적, 인지적이며, 다른 사람들로부터 존경이나 애정을 받기 위한 피상적 관계를 유지하기 위해 과장을 사용한다(APA, 2000). 연기성 성격 장애자들은 다른 사람이 자신을 좋아해 주고 인정해 줄 것 같은 모습이 어떤 것인지를 재빨리 파악하고 그에 맞추어 행동하고자 하기 때문에 마치 연기를 하는 것 같이 행동하므로 연기성 성격 장애라는 이름이 붙여지게 되었다. 마치 현재 상황은 무대이고 자신은 배우이며 다른 사람들은 관객이기 때문에 자신은 관객에게 사랑과 인정을 받아야 한다고 생각하는 것인데 정작 본인은 이를 거의 인식하지 못한다.

연극성 성격장애자는 자신이 중요하게 생각하는 사람에게서 버림받는 것을 두려워한다는 점에서 의존성 성격장애와 매우 유사하지만 연극성 성격장애자는 남들에게 인정받고 자존감을 되찾기 위해 보다 적극적으로 노력한다는 점에서 의존성 성격장애자와 구별된다(말론과 데이비스, 1996).

이들은 다른 사람들이 항상 자기를 바라보고 있다고 생각하기 때문에 외모에 대해 신경을 많이 쓰고 평범한 스타일보다는 튀는 옷차림을 하는 경우가 많다. 이런 성향으로 인해 이성의 관심을 끌고 유혹하는 행동을 많이 한다.

연기성 성격 장애자들은 감정이 지나치게 풍부하고 감정의 기복이 심하다. 상대가 나를 좋아해 주는 것 같으면 금방 기분이 좋아졌다가도 조금만 잘 대해주지 않으면 금방 토라지고 시무룩해진다. 이들은 마음 깊은 곳에 열등감 및 이로 인한 심한 우울감, 잘난 사람들에 대한 분노와 적대감을 가지고 있으나 이를 부정하고 인정하지 않으려 하기 때문에 감정에 깊이가 없고 피상적이다.

이들의 애정에 대한 욕구는 매우 필사적이라고 할 정도로 강렬하나 이 욕구는 아무리 채워도 채워지지 않는다. 관심과 애정에 대한 욕구가 강한 만큼 자신이 받아야 할 관심과 애정을 빼앗아 가는 사람에 대한 적개심과 시기심이 크다. 다른 사람의 무관심이나 비난에 지나치게 민감하며 강한 피해 의식에 사로잡혀 있어 조금만 자신을 비난하고 무시한다고 느끼면 강한 공격성을 보이기도 한다. 감정의 기복이 심한 반면 통제력이 부족하기 때문에 충동적인 행동을 하는 경우가 많다.

연기성 성격 장애자들은 알고 지내는 사람들은 많으나 깊은 관계를 유지하는 사람은 많지 않다. 처음에는 친절하고 좋은 인상을 남겨 사람을 쉽게 사귀지만 점점 가까워질수록 자신을 더 많이 공개해야 하고 상대방이 자신을 더 알게 될수록 자기를 싫어하지 않을까 하는 두려움을 느끼고 자신을 드러내는 데 주저하게 된다. 이들은 지나치게 상대방을 배려하고 친절을 베풀기도 하며 상대방과 그렇게 친밀하지도 않은데도 지나치게 자신에 대해 많이 공개하기도 하여 오히려 부담을 주는 경우도 있다.

경계선 장애와 회피성 의존형 장애와 유사하게 연기성 성격 장애자가 벌이는 인질 상황도 유대·애착의 문제를 중심으로 돌아가게 되며, 대개 격한 말다툼을 벌이다가 인질/봉쇄 상황으로 발전하게 된다.

협상을 하는 동안, 대상자로부터 일관성 있는 이야기를 듣기가 매우 어려운데 이는 연기성 성격 장애 인질범은 관객을 기쁘게 하고 만족시키려는 욕구를 가지고 있어서 협상가가 듣고 싶어 하는 방향으로 이야기의 내용을 계속해서 바꾸기 때문이다. 그런데 이것이 의도적인 사기는 아니지만 상대방으로 하여금 자신을 좋아하도록 하고 스포트라이트의 중심에 서기 위해 별다른 죄의식 없이 어떠한 일이라도 서슴없이 행한다.

협상가의 임무는 주목받고 싶은 그들의 욕구를 충족시켜 주면서도 지나친 흥분 상태에 빠져 감정이 과도하게 분출되지 않도록 주의해야 한다. 이런 형태의 대상자와의 협상에 있어서는 안전하게 상황을 종료시키는 것이 가족이나 미디어 등 모든 사람들로부터 박수와 존경을 받게 될 것이라는 것을 이해시키는 것이 사건 해결의 관건이 될 것이다 (Slatkin, 2005).

02 "나를 버리지 마세요" - 회피-의존성 성격 장애

이미정(가명, 32세)은 직장 생활한지 6년이 지났지만 아직 한 번도 승진을 하지 못했다. 승진할 기회가 있었지만 승진에 필요한 서류를 제출하지 않았기 때문이다. "난 승진하지 않아도 돼" 미정의 가장 큰 목표는 저공비행으로 살면서 가급적 다른 사람의 눈에 뜨이지 않는 것이다. 미정은 회피성 성격장애자이다. 여성 셋이 모여서 이야기를 한다. "난 내가 나서서 뭔가를 결정하는 게 싫어" "나도, 그냥 누가 결정해 주면 그대로 따라하는 게 편해." "나도, 나도, 난 우리 오빠가 없으면 마트에도 못 가!" 이들은 의존성 성격장애자들이다. 심한 경우 누가 절벽에서 뛰어내리면 같이 따라 뛰어내릴 수도 있는 사람들이다. 회피성과 의존성 성격장애는 주로 여성들에게서 많이 나타난다.

회피적 성격 장애는 사회적 금지, 부적합 의식, 부정적 평가나 비난에 대한 극도의 민감성 등을 보인다. 의존성 성격 장애는 보살핌과 지도에 대한 지나친 욕구로부터 기인하는 복종적이고 의존적인 태도를 보인다(APA, 2000). 일반적으로 이 두 가지 형태의 장애는 서로 섞여서 나타나는데, 대상자는 대개 수줍음이 많고 사회적으로 불안하지만 자신의 정체성과 삶의 목표가 되는 사람에게 의존하는 경향이 있다.

만약 대상자가 그 사람으로부터 거부나 분리되는 경험을 하게 되면, 이것은 마치 세상의 마지막인 것 같은 느낌이 들고 그 사람과의 연결고리를 되찾기 위해 애원이나, 협박, 스토킹, 인질 상황을 벌이는 등 어떠한 일이라도 벌이려 하게 된다. 많은 가정 폭력범들과 잘 알려지지 않은 여성 인질범들이 이 형태에 해당하는데 이들은 연극성 성격 장애나 경계선 성격 장애를 함께 가지고 있을 수 있다.

회피-의존적 인질범과 협상을 할 때는 일시적이지만 부모 내지는 권위 있는 사람처럼 단호하면서도 대상자를 지원해 주는 모습을 보일 필요가 있다. 협상가는 대상자가 자신이 다시 실패했다는 느낌을 가지지 않는 방향으로 사건을 해결하는 것이 매우 중요하다. 만약 대상자가 실패했다고 생각하면 자신의 확고한 의지를 다시 보여 주기 위하여 더욱더 심한 일을 저지를 수 있다.

평화적인 사건 해결을 위한 첫 번째 아이디어가 대상자로부터 나오도록 하고, 협상가는 이를 대상자와 함께 수정·보완하여 최종안을 만들도록 하며, 협상에 도움을 줄 수 있는 모든 좋은 아이디어는 대상자로부터 나온 것 같은 형태를 취하도록 한다. 이렇게 하면 대상자가 의존적이고 회피적 상태에서 탈피하여 긍정적인 자아 이미지를 형성하는 데 도움을 줄 수 있고, 그만큼 평화적인 사건 해결에 한 발 더 다가가게 된다. 회피-의존적 인질범과 협상할 때는 친구들이나 친척들을 현장에서 멀리하도록 하는 것이 좋은데, 대상자들은 가족이나 친구들에게 자신의 남성다움을 보여 주거나 복수하고 싶은 생각에서 극단적인 행동을 취할 수 있기 때문이다(Slatkin, 2005).

03 나는 세상의 중심! - 자기애적 성격 장애

홍수철(가명, 33)은 세상에서 가장 잘난 게 자기라고 생각하고 살아왔다. 대학교 3학년 때 이미 행정고시 1차를 패스하자 주변에서는 곧 고위공무원이 될 거라고 추켜세웠고 본인도 그렇게 될 거라고 믿었다. 그러나 이후로 계속해서 2차 시험에 실패하였다. 그러기를 십 여 차례 반복한 후 이제 더 이상 나이가 많아 사법고시로 돌려서 응시했지만 또 다시 2차 시험에서 고배를 마셔야 했다. 수철은 결국 사법고시를 포기하고 조그만 회사에 취직해서 다니고 있다. 주변에 잘나가는 친구들과 어울리려고 애쓰면서도 그 사람이 없으면 그 사람을 맹렬히 비난한다. "자식, 지가 얼마나 잘났다고 그 딴 소리를 하고 있어! 그 정도도 모르는 사람이 어디 있어?" 수철은 이처럼 자신과 수준이 맞는다고 생각하는 잘나가는 사람들과 가까이 지내려고 하지만 그들이 잘되는 걸 보면 배가 너무 아파 견딜 수 없어 한다.

자기애적 성격 장애는 과장성, 특권 의식, 자만, 존중 욕구와 다른 사람의 감정과 의견에 대한 공감 부족의 패턴을 보인다. 이들은 규칙은 다른 사람들에게나 적용되는 것이고 자신들은 특권과 통찰력, 판단력, 인지력 등이 뛰어나기 때문에 규칙을 바꿀 수 있다고 생각한다(APA, 2000).

자기애적 성격 장애자들은 객관적인 현실이나 남들이 자기에 대해 평가하는 것보다도 자신이 더 유능하다고 믿는다. 실제로 특출난 재능도 없고 뚜렷한 성취나 업적을 이루지 못했어도 자신은 유능한 사람이라고 믿는다. 비디오로 자신의 모습을 찍어서 보여 주었을 때, 대부분은 자신이 나오는 비디오를 보면서 어색해 하거나 쑥스러워하는 반면, 자기애적 성격 장애자들은 자기가 무척 멋있게 나왔다고 평가하였다는 연구 결과도 있다. 이러한 결과는 자기 자신에 대해 객관적인 것보다 더 긍정적으로 평가하려는 자기 지각 편향을 지니고 있음을 뜻한다.

자기애적 성격 장애의 가장 주된 행동적 특징은 지나칠 만큼 자신감에 차 있다는 점이다. 확신에 찬 모습으로 거침없이 말하고 행동한다. 설령 자신이 잘 모르는 사실이거나 뚜렷한 증거가 없는 일이라고 하더라도 매우 자신 있고 당당하게 말하고 주장하며 행동한다. 어떤 어려움이 닥치거나 곤란한 상황에 처해도 아주 태연하게 별것 아니라는 듯한 태도를 보인다. 그렇기 때문에 매우 거만하고 이기적으로 보이기도 하고 때로는 낙천적으로 비춰지는 경우도 있다. 이들은 자기가 이루어 낸 어떤 성취나 스스로의 재능에 대해 곧잘 자랑을 늘어놓는다. 쑥스러워하는 법이 없다. 이러한 자랑과 과시는 때로 사실보다 과장되어 있는 경우가 많으나 본인이 받아들이기에는 굉장한 것으로 생각하기 때문이다. 또한 이러한 자랑을 듣는 상대방이 듣기 싫어할지도 모른다는 생각은 아예 하지도 않는다.

이들은 자기가 다른 사람들과는 달리 매우 특별한 존재라고 생각하기 때문에 사회 구성원으로서 누구나 지켜야 할 공통의 규칙이나 의무가 마치 자신에게는 해당되지 않는 것처럼 생각하고 행동한다. 다른 사람이 배려나 양보를 해도 고마워하기보다는 당연한 것으로 여긴다.

자기애적 성격 장애자들은 평소 기분은 대체로 태평스럽고 즐거운

편이며. 자신이 뭔가 대단한 성공을 거두는 듯한 착각을 하거나 그러한 내용의 공상을 할 때에는 매우 신이 나고 기분이 고양되지만, 타인이 자신을 인정해 주지 않거나 공격을 당했다고 느끼면 그 즉시 격렬한 분노와 적대감을 느끼고 복수하고 싶다는 강한 열망에 휩싸이게 된다. 아무런 나쁜 의도가 없는 충고나, 스스로의 형편을 고려한 합리적인 거절에 대해서도, 자신을 공격하는 것으로 왜곡되게 받아들이고 분노를 경험하게 될 가능성이 높다. 그리고 다른 사람이 가진 좋은 것이나 성공이 그 사람이 아닌 바로 자신에게 더 잘 어울리는 것이고 자기가 가져야 마땅한 것이라는 생각이 마음 깊은 곳에 자리 잡고 있기 때문에 다른 사람에 대해 시기와 질투의 감정을 자주 그리고 강하게 느낀다.

때로 자신이 설정한 높은 기대치에 스스로의 수행이나 업적이 맞지 않는 것처럼 느껴질 때, 이를 도저히 다른 사람의 탓으로 돌릴 수 없거나 무시할 만하지 않을 때, 자신의 완벽함과 유능함을 밝힐 수 없게 되면 어쩌나 하는 불안은 보통 사람이 겪음직한 평가 불안이나 수행 불안보다 훨씬 더 정도가 심한 우울감에 빠지게 된다. 공상이나 행동에서의 과장성, 칭찬에 대한 욕구, 권력에 대한 욕구와 강한 성취동기, 감정 이입의 결여 등의 광범위한 양상이 성인기 초기에 시작되어 다양한 상황에서 나타나며, 반복적인 일이나 일상적인 것에 쉽게 지루함을 느끼고, 뭔가 새롭고 자극적인 것을 찾고 싶어 하는 경향이 있으면서 막연하게 뭔가 텅 빈 것 같고 허무한 듯한 공허감을 느끼는 경우도 많다.

자기애적 성격 장애자들은 다른 사람들이 자신들을 존중하고 존경하기를 바라는데 그들이 원래부터 당연히 누려야 할 존중을 받지 못한다고 생각할 때 분노하게 된다. 이런 정당한 분노에 대한 믿음이 가정이

나 직장에서의 다툼을 인질상황으로 변질되게 만드는 데 핵심적인 역할을 한다고 볼 수 있다. 자아도취적 성격 장애자들은 겉으로는 거만하고 자신이 가장 잘났다고 생각할지 모르지만 많은 경우 심리 상태의 근저에는 열등감을 가지고 있고, 자신의 자아를 형성하기 위해 닮고 싶어 하는 실제로 힘을 가진 사람은 병적으로 존경하는 경향을 보인다.

자아도취적 성격 장애자의 이러한 특징을 잘 이용하면 협상이 보다 용이해질 수 있다. 자아도취적 인질범은 협상가가 존경할 만하고 성공한 전문가라고 생각할 경우 먼저 손을 내밀고 유대감을 형성하려고 할 수 있다. 대상자는 협상가와 자신이 동등한 위치에 있다고 생각하고 동료를 대하는 듯한 태도를 취하거나 유대감을 공유하고 있다고 생각하는 경향이 있다. 다른 형태의 인질범의 경우 협상가가 먼저 손을 내밀어 유대감을 형성하려고 해도 대상자가 마음의 문을 쉽게 열지 않는 경우가 많은데 자아도취적 성격 장애자의 경우 지나친 자만심이나 잘난 척하고 싶어 하는 심리를 잘 활용하면 상대적으로 쉽게 신뢰 관계를 형성할 수도 있다.

그러나 협상팀이 대상자가 원하는 반응을 보여 주지 못할 경우, 예를 들어 인질범을 특별한 존재로 취급하지 않고 일반적인 잡범들처럼 다루려 한다고 느낄 경우 이에 대한 분노를 표시하고 대화를 거부할 수가 있다. 이런 경우 범인이 원하는 존중감을 보여 주되 협상가의 위엄을 유지하고 협상가의 협조 없이는 범인이 원하는 것을 얻을 수 없음을 인식시켜 주어야 한다(Miller, 2007).

04 내 귀에 도청장치가 되어 있어요! - 편집증

이십여 년 전 청주 MBC에 뉴스를 진행하고 있는 스튜디오에 한 남성이 뛰어들었다. 남성은 뉴스를 진행 중인 기자에게 달려들어 기자를 붙잡고서 "내 귀에 도청장치가 들어 있어요!"라고 소리를 쳤다. 기자는 어안이 벙벙해서 어쩔 줄을 몰라 했고 잠시 후 경비아저씨들이 뛰어들어 이 남성을 억지로 끌어내는 해프닝이 벌어졌다. 이 남성은 누군가가 계속해서 자신을 도청하려 한다고 생각했고 이를 알리기 위해 방송국에까지 뛰어든 것이다.

이처럼 편집증은 환상 내지는 망상을 보이거나 강박증상을 보이는 경우가 있는데 자신이 잘못을 저지르고도 다른 사람을 비난하거나 상사가 비난을 하면 자신이 부당한 대우를 받았다고 생각한다. 경직된 성격, 학대에 대한 피해의식, 완벽에 대한 조바심, 비현실적 생각 등이 이 증상의 특징들이다.

편집증 환자는 일반적으로 일상생활에 문제가 없고 성격이나 외모에 있어 뚜렷한 문제를 보이지 않으나, 의심스럽고 적개심이 많으며 다소 이상하고 기묘하게 보일 수도 있다. 정신분열증에서 보이는 환청 등의 심각한 지각 이상을 보이지 않고 망상도 체계적이며 기괴하지 않다. 또한 망상 외의 사고 장애를 보이지 않는다.

편집증은 여러 가지 형태로 존재하는데, 표면적으로는 정상적으로 보이는 사람도 스트레스를 받을 때에만 표면으로 끓어오르는 '편집증 성격 장애'와 같은 것도 있다. 이런 사람들의 경우 직장 생활을 하면서 정상적인 삶을 영위할 수 있는 능력이 있으면서도, 자신들이 항상 감시하고 경계해야 하는 종교적·정치적 혹은 가족의 음모가 존재한다는 확고한 믿음을 가지고 있다. 이러한 사람들은 감당할 수 없는 위기 상황에 맞닥뜨리게 되면 자신을 방어하기 위해 폭력이나 인질극과 같은 극단적인 조치를 취할 수밖에 없다고 느끼게 된다.

편집증적 인질범과 협상을 하게 되면 그의 생각이나 신념 체계를 설득해서 바꾸려는 생각은 버려야 한다. 왜냐하면, 편집증의 가장 큰 특징 중의 하나가 논쟁의 불침투성이기 때문이다. 편집증적 대상자는 절묘할 정도로 자신을 속이거나 조정하려는 시도에 대해 민감하고 이런 점에 관한 한 매우 인지력이 높다. 따라서 속임수나 전략을 사용하는 것을 피하고 과거에 다른 인질범에게 통했던 것들이라도 함부로 사용해서는 안 된다.

편집증적 대상자에게는 차분하고 안정되지만 지나치게 인위적이거나 작위적으로 들리지 않는 목소리로 대상자의 현실 인식에 대해 물어보고, 분명치 않을 경우 이에 대해 자세히 물어볼 수 있다. 대상자가 화를 내면 냉정을 잃지 말고 대상자의 요구 사항이나 불만이 무엇인지를 분명하게 파악하도록 해야 한다. 만약 대상자가 단순히 화를 내는 수준을 넘어서 격심한 분노를 나타내거나 환상에 사로잡힌 증상을 보이면 정신분열적 대상자에게 사용했던 것처럼 완전한 부정도 완전한 긍정도 하지 않는 애매한 태도를 보이는 '혼란 기법(Distraction Technique)'을 사용한다. 하지만 이때에도 상대방이 조롱당하거나 비하되는 듯한 느낌을 갖도록 해서는 안 된다.

편집증적 인질범과의 협상에서 가장 민감한 이슈는 신뢰 관계 형성 기법의 사용이다. 대부분의 경우에 편집증적 대상자에게 다가가려는 어떠한 시도도 대상자를 통제하거나 위해를 가하고 조정하려는 의도로 해석될 수 있기 때문에 협상가들은 지나치게 친절하고 자상한 태도와 지나치게 차갑고 거리감 있는 태도 사이에서 줄타기를 할 필요가 있다. 모든 문제를 분명하고 직선적으로 접근하고 구체적 문제를 해결하는 데 협상의 주안점을 두어야 한다. 결국 솔직함과 차분함이 편집증적 인질범과의 협상을 성공으로 이끄는 열쇠라고 할 수 있다(Miller, 2007).

05 나 혼자 숨어 산다 – 정신분열증

얼마 전 TV에 예전에 큰 히트곡을 불렀던 가수가 오랜만에 다시 나왔다. 필자도 좋아하던 노래를 부른 가수여서 반가운 마음으로 봤는데, 히트곡을 내고 나서 조금 있다가 활동을 중단한 이유가 자신이 예수님이라는 생각이 들어서였다고 한다. 어느 날 갑자기 자신이 예수님이라는 생각이 들어 성당에 갔는데 신부님과 수녀님들이 마중을 나오지 않더란다. 예수님이 오셨는데... 그래서 심히 불쾌하게 생각하여 신부님을 나무랬더니 얼마 후에 가족들이 오고 자신을 정신병원으로 보냈다고 한다. – 유나 바머

이처럼 분열형 성격장애는 환각증상을 보이는 경우가 많다. 그러나 분열형 성격 장애가 심하지 않으면 그저 수줍음이 많거나 내성적인 성격으로 비치기도 한다. 자기가 맡은 일을 꼼꼼히 처리하고 문제도 거의 일으키지 않고 눈에 잘 뛰지 않는다. 이들은 감정적인 반응을 거의 보이지 않고 존경과 인정같은 보상도 크게 바라지 않고 주변에서 무슨 일이 일어나든 큰 흔들림 없이 평정을 유지한다.

이들은 자발성이 부족하고 항상 혼자 다니기 좋아하는 '은둔형 외톨이'들인 경우가 많다. 분열형 성격장애자들은 거의 감정을 느끼지 못하기 때문에 누군가 자신을 모욕하여 화를 낼 상황인데도 이를 잘 알아차리지 못하고 아무런 반응을 보이지 않기 때문에 쌀쌀맞고 냉담해 보인다. 이러한 성향 때문에 대인관계 능력이 떨어지고 사회적 활동에

잘 참여하지 못한다.

유나바머로 알려진 시어도어 카진스키가 분열형 성격장애의 대표적인 인물이다. 카진스키는 주로 대학과 항공사에 폭발물을 보내 17년 동안 3명을 죽이고 23명에게 상해를 가했다. 카진스키는 어린 시절부터 말이 없고 수줍은 성격의 아이였다. 1967년에 미시건 대학에서 수학박사학위를 받고 버클리 대학에서 수학 조교수로 임명되어 학생들을 가르쳤는데 학생들의 질문에 거의 대답을 해주지 않는 등 학생들과의 관계가 원만치 않아 1969년에 교수생활을 그만두고 1971년 몬테나 주의 링컨에 있는 오두막집으로 들어가 살았다. 세상으로부터 고립된 오두막집에 살면서 세상에 대한 분노와 불만을 폭탄이라는 형태로 표출한 것이다.

정신분열증은 생각과 행동의 파열과 파탄, 손상된 감정적 경험과 표현, 그리고 환상과 환각의 존재로 특징지어질 수 있다(APA, 2000). 대부분의 정신분열적 환각들은 청각적 '박해 환각'으로 자신을 비하하고 괴롭히는 목소리를 듣는다. 이 사람들은 대개 이러한 환청에 시달리면서 극도의 공포와 불안 상태에 있게 된다. 두 번째로 가장 흔한 환각은 '명령 환각'으로 대상자에게 무언가를 하도록 지시한다.

박해 환각과 명령 환각이 그에 수반된 망상과 함께 나타나는 경우가 흔히 발생한다. 어떤 목소리가 대상자에게 그는 나쁘고 사악하며, 자신의 죄를 사할 유일한 방법은 그의 전처와 아이들을 새 남자 친구로부터 구하는 것뿐이라고 말한다. 이런 경우, 가정 폭력에 의한 인질극으로 이어질 수 있다. 환청을 듣는 사람들은 또 TV에서 공항의 보안 상황에 방송하는 것을 보고 자신의 전 직장 상사가 자신의 머리에 감시 장치를 심으려고 하는 것에 대한 경고로 해석하기도 한다. 만약 이 사람이 이미 폭력적인 성향을 가지고 있었다면 이러한 환영과 환각에 대해 폭력적으로 반응을 보일 수 있는데, 이것은 거리에서 즉흥적이고 충동적으로 사람들을 공격하는 것부터 계획적으로 무기를 준비하여 인질극을 벌이는 형태까지 다양하게 나타날 수 있다.

환각의 가장 흔한 것은 환청인데 2명 이상의 사람이 정신분열증상자의 삶이나 행동에 대해 이야기하는 식의 내용을 가진다. 와해된 언어와 행동을 보이고 움직임과 의사소통이 심하게 둔화되는 긴장증적 행동을 보이는 경우도 있다. 충동 조절에 문제가 있을 수 있고 치료하지 않은 환자는 흔히 공격적인 행동을 보인다. 또한 자살 시도가 상당히 많기 때문에 주의를 기울여야 한다.

정신분열적 인질범과 협상을 할 때에는 바닥에 깔린 가장 중요한 감정은 공포와 분노일 가능성이 크다는 것을 명심해야 한다. 따라서 대상자를 일단 진정시키는 방법을 사용하는 것은 당연한 선택일 것이다. 그러나 정신분열적 대상자들은 일반적인 감정적 표지에 대해서는 별다른 반응을 보이지 않는 경향이 있기 때문에 협상가의 적극적 청취 기법과 대상자의 반응이 다른 일반적인 경우와 같이 상응될 것이라고 기대하지 않는 것이 좋다. 대개 이러한 상황에서 신뢰 관계 형성은 대상자가 자신의 동기와 스스로에 대해 해명하는 데서 나오기 때문에 어떻게 해서라도 그로 하여금 말을 하도록 하고, 대상자의 목소리나 대화의 내용이 극도의 흥분 상태를 나타내어 폭력으로 이어질 수 있을 경우에만 협상가가 끼어들어서 말을 하고 그렇지 않은 경우에는 가급적 대상자가 말을 많이 하도록 유도하여야 한다.

정신분열적 인질범의 환상을 상대할 때에는 건설적인 모호함이 매우 유용한 경우가 많다. 이것은 대상자의 환영적인 생각이나 동기에 대해 완전히 동의하지도 부정하지도 않는 것을 말한다. 대상자의 환상에 거짓으로 동조해서 기분을 맞추려는 시도는 진실성이 결여되고 기만적인 것으로 받아들여질 경우 신뢰 관계(Rapport) 형성을 방해하게 된다.

정신분열 상태를 보이고 있는 대상자들이 반드시 바보나 멍청이는 아니라는 사실을 명심해야 한다. 이들도 자신을 조작하려 하거나 자신에게 선심을 쓰려는 척하는 것을 알아차릴 만큼 영민한 경우가 많다는 것을 명심해야 한다. 그리고 대상자에게 이성적인 생각을 불어넣으려고 하는 것도 효과적이지 않고 오히려 대상자와의 간격을 벌어지게 할 가능성이 있다. 보다 좋은 전략은 환영의 내용을 인정하고 일반적인 신뢰 관계 형성 방법과 적극적 청취 기법을 사용하여 대상자의 상황 인식에 공감하면서도 현실 인식을 유지하는 것이다.

06 내 마음 속엔 오늘도 비가 내린다 - 우울증

최미라(가명, 48세)씨는 어제도 잠을 제대로 자지 못했다. 남들 모두 곤히 자는 새벽 3시에 홀로 깨어 방 한구석에서 시체놀이를 했다. 아침이 밝았지만 기운이 하나도 없고 세상만사 귀찮기만 하다. 아이들이 한참 클 때는 엄마의 손길이 많이 필요하여 아이들 챙기다 보면 눈코 뜰 새 없었지만 이제 아이들이 커서 대학에 가서는 매일 친구들하고만 돌아다니지 엄마는 찾지 않는다. 남편은 남편대로 매일 늦게 들어오고 주말이면 골프다 등산이다 해서 밖으로만 돌아 얼굴본 지가 언제인지 모르겠다. 이 집에서 나는 점점 쓸모없는 외톨이가 되어 가고 있는 것 같다. 서글프고 쓸쓸한 생각에 한 잔 두 잔 마시던 술이 이제 제법 양이 늘었다. 내가 쓸모없고 무기력한 존재이고 내 곁에는 아무도 없다는 외로움에 더 이상 살고 싶은 마음이 없어졌다. 미라씨의 유일한 벗인 한 잔 술을 다시 들이킨다…

우울증, 즉 우울 장애는 의욕 저하와 우울감을 주요 증상으로 하여 다양한 인지 및 정신 신체적 증상을 일으켜 일상 기능의 저하를 가져오는 질환을 말한다. 우울 장애는 평생 유병률이 15%, 특히 여자에게서는 25% 정도에 이르며, 감정, 생각, 신체 상태, 그리고 행동 등에 변화를 일으키는 심각한 질환이다. 우울증은 일시적인 우울감과는 다르며 개인적인 약함의 표현이거나 의지로 없앨 수 있는 것이 아니다[3].

네이버 의학상세정보 (2009. 7월 15일 검색). http://search.naver.com/search.naver?where=health_detail&sm

우울감과 삶에 대한 흥미/관심 상실이 우울증의 핵심 증상이다. 우울증의 가장 심각한 증상은 자살 사고로, 우울증 환자의 2/3가 자살을 생각하고, 10~15%가 실제로 자살을 시행한다. 일부 우울증 환자는 자신이 우울증인 것을 알지 못하고 일상생활에서 상당히 위축되어 기능이 떨어질 때까지도 자신의 기분 문제에 대해 호소하지 않는다.

거의 대부분의 우울증 환자는 삶에 대한 에너지 상실을 호소하는데, 과업을 끝까지 마치는 데에 어려움을 호소하고, 학업 및 직장에서 정상적인 업무에 장애를 느끼며, 새로운 과업을 실행할 동기를 갖지 못하고 있다. 미국 러쉬대학교병원의 린다 포웰 박사 연구팀이 중년 여성들을 상대로 연구한 결과, 우울증을 가지고 있는 여성들의 소장과 대장의 지방 양을 측정해 보니 우울한 사람이 창자 내 지방 축적률이 더 높았다. 연구팀은 우울증이 스트레스 호르몬인 코르니솔을 만들어 내는 과정에서 소장이나 대장의 지방축적을 유발하는 것으로 보았다. 결국 우울하면 뱃살이 늘어날 수 있다는 것이다.

그리고 우울증 환자의 4/5정도가 수면 장애를 호소하는데, 특히 아침까지 충분히 잠을 못 이루고 일찍 깨거나 밤에 자주 깨는 증상을 보인다. 많은 환자가 식욕 감소와 체중 저하를 보이는데, 일부 환자는 식욕이 증가하고 수면이 길어지는 비전형적 양상을 보이기도 한다. 불안 증상도 90%정도에서 보이는 흔한 증상이다. 성욕 저하 등의 성적 문제를 보이기도 한다. 절반 정도의 환자가 하루 동안 증상의 정도 변화를 보이는데, 일반적으로 아침에 증상이 심했다가 오후에 좋아지는 경향을 보인다. 집중력 저하와 같은 인지 기능 저하 증상도 상당수에서 나타날 수 있다.

일부 우울증 환자는 신체 증상을 주로 호소하는 경우가 있는데 이런 경우 내과적 검사를 반복적으로 시행하지만 명확한 원인은 나오지 않는 경우가 많고, 우울증 진단과 치료가 늦어져 고생하는 경우가 많다. 그러므로 원인이 명확하지 않은 신체 증상이 지속될 때는 우울증을 의심해야 한다[4].

대부분의 인질범들은 탈출이나 도구적 목표를 가지고 있다. 그들은 최소한 위기 상황에서 죽지 않고 생존하기를 원하는데 이로 인해 대부분의 경우 인질범과 타협의 여지가 있게 된다. 그러나 낙심해 있거나 자살 충동을 가지고 있는 우울 증상자들은 언제든 자살할 준비가 되어 있거나 인질들을 무덤으로 함께 데려감으로써 잃을 것이 하나도 없는 경우가 많기 때문에 매우 위험하다고 할 수 있다. 만약 인질들 중 하나가 인질범이 미워하는 직장 상사나 관계가 소원한 가족 구성원이라면 인질범은 자신이 복수를 할 수밖에 없는 이유를 들어달라고 하는 것 외에는 실질적인 요구 사항이 전혀 없을 수도 있다.

우울 증상을 보이는 다른 인질범들도 겉으로 드러나게 자살 지향적이지는 않더라도 감정적, 행태적 태만으로 인해 여전히 비교적 협의 사항을 잘 이행하지 않는 경향이 있다. 우울 증세를 보이는 범인들 중에는 나이가 많거나 지병이 있거나 수감 기간이 연장된 재소자들이 있는데 이들 역시 더 이상 삶을 지속해야 할 무엇도 남아 있지 않다고 생각하고 있을 수 있다.

지나치게 생색내지 않는 범위 내에서 협상가들은 자상한 부모나 도움을 주는 기관의 사람들의 스탠스를 취하여 대상자에게 어필할 수 있

---

4) 서울대학교 병원 (2009. 7월 17일 검색). 〈 http://www.snuh.org/ 〉

다. 대상자를 몰아붙이지 말고 대화를 천천히 시작해서(Slow Pace) 점점 스피드를 끌어올리는 방식을 취해야 한다. 개방형 질문(Open-ended Question)으로 시작해서 대답을 얻기까지 오랜 침묵이 있더라도 인내심을 가지고 기다려 준다. 만약 이 방법으로 대답을 얻는 데 실패한다면 간단하고 직접적인 폐쇄형 질문(Close-ended Question)을 사용한다. 감정 상태 확인하기, 부연하기 등의 적극적 청취 기법을 사용한다.

만약 대상자가 고통스러운 경험이나 불공정한 과거나 암울하고 의미 없는 미래에 집착한다면 대화의 시점을 현재에 잡아두도록 노력해야 한다. 가능한 한 종교적이나 철학적으로 심오한 문제들에 대해 얘기하는 것은 피하되 대상자가 이러한 문제들에 대해 얘기하는 데 만족감을 표시하면 그로 하여금 이야기를 하도록 하고 대화의 방향을 현재와 여기(Here and Now)에 두도록 잘 유도해야 한다(Miller, 2007).

그리고 또 인질범이 자살과 관련된 주제를 꺼내면 이에 대해 단도직입적으로 다루어야 한다. 만약 인질범이 명시적으로 자살에 대해 이야기하지는 않지만 아무래도 자살적인 경향이 있다면 부드럽게 대상자가 무엇을 하려고 하는지 물어본다. 일반적으로 이러한 상태에 있는 사람을 말로 설득해서 그렇게 하지 않도록 하는 것은 매우 어렵다. 그러나 그에게 중요한 것들이 무엇이고 아직도 의미를 지니는 것들은 무엇인지를 찾아내도록 하고, 보다 나은 미래의 모습을 조금이라도 보여 줄 수 있도록 노력한다.

그런데 이때 주의할 점은 대상자에게 협상가의 말이 훈계조로 들리거나 비난하는 듯한 뉘앙스를 띠어서는 안 된다는 것이다. 주의를 기울이지 않으면 "당신이 자살하면 당신 자녀들이 어떨지를 생각해 보세요."라는 등의 이야기를 하는 경우가 많다. 자살하려는 우울증상자들은 이미 자신의 삶이 가치가 없고 희망도 없다고 느끼고 있기 때문에 협상가가 결코 하지 말아야 할 것은 이러한 생각을 더 부추기는 일일 것이다.

위와 같은 말은 대상자의 자살이 무책임한 행동이며 자녀들에게 큰 상처를 준다는 점에서 비윤리적이라는 비난의 의미를 내포하고 있고, 자신이 가치 없고 희망도 없는 존재라는 생각으로 이어질 수 있으므로 신중해야 한다. 그러나 상황에 따라서는 여러모로 판단해 볼 때 대상자가 자녀들을 자랑스럽게 생각하고 정신적으로 많이 의지하고 있다면 대상자가 위기 상황을 안전하게 종결시켰다는 것에 대해 아이들이 존경할 것이라는 메시지를 조심스럽게 전달할 수 있을 것이다.

효과적인 전략 중의 하나는 대상자를 설득해서 자살을 못하게 하기보다는 자살을 연기하는 것이다. "선생님, 저도 이것이 유일한 방법이라는 걸 알지만 저한테 한 시간만 주시겠습니까? 제가 무슨 말을 한다고 해서 선생님의 결정이 달라지진 않겠지만 왜 이 일을 하여야만 하는지에 대해서 얘기라도 들어보고 싶습니다. 괜찮으시겠어요? 이렇게 하시는 데는 무언가 이유가 있으시겠죠. 제가 한 번 들어보고 싶습니다." 만약 대상자가 이 말에 동의하고 상황이 종료된 이후에 누군가와 더 이야기하고 싶다면 그것이 가능하도록 조치해 줄 것을 약속하고, 실제로 안전한 장소에서 전문 상담가 등과 대화를 나눌 수 있도록 자리를 마련해 준다.

끝으로, 자살 시도자가 아무런 이유 없이 갑자기 기분이 좋아지면 조심해야 한다. 이것은 방금 대상자가 죽음에 대해 평안을 찾고 자신의 삶을 즉시 끝내고, 어쩌면 인질들도 함께 데려갈 준비를 하고 있다는 신호일 수 있다. 이때가 인질범에게 이제까지 얘기하지 않은 목적들이 더 없는지 물어볼 적기이며 이에 대해 직접적으로 다루어야 한다.

만약 눈으로 인질범을 볼 수 있는 상황이라면, 좌우로 주변을 살핀다든가 호흡이 가빠졌다거나 숫자를 위아래로 세거나 반복적으로 몸을 흔들거나 허밍을 하는 등의 자살적 행동의 행태적 징후들이 있는지 살펴보아야 한다(Perrou, 2004). 이러한 징후가 발견되면 협상을 중지하고 전술팀을 투입할지 말지를 결정하여야 하는데, 정신분열적 인질범이나 편집증적 인질범의 경우 주로 시끄럽고 폭력적인 행태를 보일 때 전술팀 투입을 결정하는 것은 비교적 쉬우나 조용한 모습을 보이는 경우는 이를 결정하기 매우 어려운데 양쪽 모두 인질들에게나 범인에게 극히 위험한 상황이라는 점은 같다고 할 수 있다(Miller, 2007).

07 감정의 롤러코스터 - 조울증

조찬민(가명, 46세)과장은 부하직원들과 곧잘 농담을 하고 편안하게 지나다가도 어떤 일로 열이 받으면 엄청나게 분노를 터뜨린다. 옆에 있는 사람들이 모두 깜짝 놀랄 정도로 격노를 터뜨리고 나면 순식간에 언제 그랬냐는 듯 조용해져서 혼자 사무실에 앉아 우두커니 땅만 한참 동안 쳐다 본다. 부하직원들은 조과장이 언제 폭발할 지 모르는 활화산 같아 항상 긴장의 끈을 놓을 수가 없다. 결재를 하다가도 조금만 수틀리면 큰 소리로 고함을 지르며 호통을 치는 통에 과장실에 결재 들어가기가 무섭다. 어디 병원에라도 가서 치료라도 좀 받으셨으면 좋겠지만 병원에 갈 생각은 전혀 없어 보인다. 내가 이 부서를 떠나든지 저 인간이 발령이 나서 가든지 하기 전에는 별다른 방법이 없어 보인다.

조울증은 몇 시간이나 며칠간의 간격을 두고 득의만만하다가도 격노하기도 하고 갑자기 우울하게 되는 등 극도의 감정 기복을 보이고 그 중간에는 정상적인 감정 상태를 보이지 않는 증상으로 알려져 있다 (APA, 2000).

조울증은 기분 장애의 대표적인 질환의 하나로, 기분이 비정상적으로 고양되는 것과 관련된 다양한 증상을 일으키는 조증 삽화(Manic Episode)를 보이는 질환이다. 일반적으로 병의 경과상 주요 우울증 삽화(Depressive Episode)가 독립적으로 또는 혼합되어 나타나기도 한다. 여기서 말하는 조울증은 조증 삽화를 주 증상으로 하는 양극성 장애 I

형(Bipolar I Disorder)이다. 경조증 삽화(Hypomanic Episode)를 주 증상으로 하는 경우 양극성 장애 II형(Bipolar II Disorder)이라 한다.

조증 환자는 흥분되어 있고 이야기가 많으며 과잉 행동을 보이기도 한다. 심한 경우 비정상적인 행동이 심해져 강제적인 입원이 필요한 경우도 있다. 대체로 기분이 고양되어 있으나 사소한 일에 분노를 일으키고 과격한 행동을 일으킬 수도 있다. 감정의 기복이 심해 즐거움에 웃다가 몇 분 안에 짜증을 내고 우울해질 수도 있다.

말할 때 목소리가 크고 상대방의 이야기에 정상적인 소통이 어려울 정도로 끼어든다. 비정상적인 사고의 흐름으로 심한 경우 말하는 내용을 이해하기 어렵다. 망상이나 환각이 나타나기도 한다. 조증 환자들은 증상으로 거짓말과 속이기를 잘해 신뢰성이 떨어지며, 적절한 판단 능력이 떨어져 경제적 문제 등 다양한 직업적·사회적 문제를 일으킨다. 충동 조절에 문제가 있어 본인이나 타인에게 해를 끼치기도 한다.

조울 증세를 보이는 사람에게는 감정 상태의 높고 낮음만이 있을 뿐이다. 조울증 단계는 전형적으로 한 개인이 기운을 받거나 지나치게 자신감을 가지게 될 때 시작된다. 이 사람은 지나치게 활동적이고 과장적이며 때로는 신경질적이고 날카롭다가도 점점 더 충동적이고 완고하게 된다. 사고와 말하는 것이 급해지고 수면이 줄어들고 지나치게 성충동이 강할 수도 있다. 결국 모든 의욕이 과잉 상태에 놓이게 된다. 전체적으로 보아 흥분제를 먹은 사람 같아 보이는데 실제로 이들 중 많은 사람들이 흥분 상태를 지속시키기 위해 암페타민, 코카인이나 알코올을 복용한다.

조울증 단계에서 양극성 대상자는 십자군 원정이나 모든 일을 바로 잡기 위해 직장 동료나 가족 구성원을 인질로 잡을 수 있다. 심각한 경우에는 인질범의 행동에 정신분열증 인질범과 유사한 환각성이 보일 수도 있다. 조울증 인질범은 이 주제에서 저 주제로, 이 생각에서 저 생각으로 널뛰기를 하면서 어떠한 종류의 유대감이나 지속적인 의사소통을 방해하는데, 몇 시간이 지나도 지치지 않고 끊임없이 에너지가 솟아나기 때문에 여러 시간이 지난 후에 협상가는 완전히 지쳐버리고 말 것이다. 그러한 경우에 협상가들은 교대를 하면서 범인으로 하여금 인질들에게 관심을 가지지 않도록 인질범의 주의를 흩뜨려 놓는 데 초점을 두어야 한다.

조울 증세를 보이는 인질범은 휘발적인 성격을 가졌다는 것을 명심해야 한다. 사소한 말실수나 농담이 그의 분노를 폭발시키고 인질에게 위해를 가할 위험성을 높일 수 있다. 협상가의 목소리는 느리면서도 굴곡이 없고 단호하면서도 지속적이어야 한다. 대상자는 자신의 생각이 너무 확고하기 때문에 좋은 의도에서 딱딱한 상황을 누그러뜨리려고 한 말을 잘못 받아들이는 경향이 있기 때문에 농담과 아이러니를 피하는 것이 좋다. 선심 쓰는 듯한 태도나 어린아이를 다루는 듯한 태도를 지양하고 대화가 구체적인 사항들과 여기와 지금의 문제에 중점을 두도록 노력한다.

만약 대치 상황 도중에 대상자의 사이클이 우울증 시기로 내려오면 협상가는 앞의 장에서 서술한 우울 증상을 보이는 인질범과 관련된 모든 종류의 문제들과 맞닥뜨리게 되는데 이때의 우울 상태는 더 강력한 감정적 격렬성, 충동성과 까칠함 등을 추가적으로 가지고 있어서 상황을 더욱 위험하게 만든다.

어떤 경우에는 우울 증세가 보이는 시기에 인질범은 극도로 피곤하고 귀찮아하면서 모든 일이 그냥 끝나기를 바라는데, 이럴 경우 협상팀의 일이 한결 수월해지기도 한다. 또 다른 경우에는 우울 증세를 보이면 죄책감에 빠진 인질범이 다른 사람들에게 한 일에 대해 보상하려는 생각에서 자신의 목숨만을 끊으려 하기도 한다. 그러나 경우에 따라서는 하강 단계의 자살 성향을 가진 양극성 인질범이 여전히 인질들의 목숨을 심각하게 위협하는데 충분한 정도의 분노를 가지고 있는데 이럴 경우 현장지휘관은 전술팀 투입과 협상 지속 여부를 잘 비교해 보아야 한다.

08 나는 규범 위에 존재한다 - 반사회적 성격장애/사이코패스

프로파일러가 강호순이 있는 조사실로 들어선다. 강호순은 비웃음에 가까운 차가운 미소를 흘리며 탁자 반대편에 앉아 있다. 프로파일러가 의자를 빼서 자리에 앉는다. 프로파일러는 간단하게 자신을 소개하고 강호순에게 질문을 시작한다. 강호순은 시종일관 성의없는 대답을 하다가 갑자기 상체를 기울이고 프로파일러를 빤히 쳐다보면서 '이봐요, 프로파일러 양반! 여기서 나한테 쓸데없는 질문하면서 시간낭비하지 말고 그 시간에 나가서 증거를 찾으세요. 증거재판주의 아닙니까!' 라고 한다. 이 연쇄 살인범은 형사가 아니라 프로파일러라는 전문용어를 알고 있고 자신을 기소하려면 증거가 있어야 한다는 것도 알고 있다. 조사하는 내내 형사 머리 위에서 놀려고 하는 지능적인 모습을 보인다. 자신이 저지른 살인에 대한 죄책감이나 피해자들에 대한 미안한 감정은 눈을 씻고 찾아보려 해도 보이지가 않는다.

반사회적 성격 장애는 다른 사람의 권리에 대한 지속적인 경시나 침해의 패턴으로 충동성, 범죄적 행태, 성적 난잡함, 약물 남용, 착취적, 기생적, 약탈적 라이프스타일과 연관되어 있다(APA, 2000). 반사회적 인질범은 다른 형태의 범죄자들보다 양심의 가책을 덜 느끼고 다른 사람들을 자신의 욕망을 채우기 위한 단순한 도구로 생각하는 경향이 있다.

반사회적 성격장애 스팩트럼의 양쪽 끝에는 성공한 사이코패스와 범죄형 사이코패스가 있다. 범죄형 사이코패스로는 강호순, 유영철, 테드 번디, 아돌프 히틀러와 같은 사람들을 들 수 있다. 성공한 사이코패스들은 폭력적 범죄를 저지르지 않지만 다른 사람의 연금을 가로채거나 사고 난 중고차를 속여 팔거나 부하직원의 아이디어를 가로채고 해고시켜버리는 등의 일을 하지만 죄책감을 전혀 느끼지 않는다.

사이코패스는 반사회성 성격 장애의 하위분류로 본다. 성격 장애, 혹은 정신 장애가 범죄의 원인이 될 경우, 환자는 범죄에 대해 통제를 할 수가 없는 상태에서 범죄를 저지르지만, 사이코패스 범죄자의 경우는 죄책감을 느끼지 못할 뿐, 자신이 하는 일에 대해 명확히 인지한 상태로 범죄를 저지른다. 환자가 아닌 범죄자인 것이다.

강호순의 성격 검사를 위해 사용된 PCL-R의 저자인 범죄 심리학자 Robert Hare 박사는 사이코패스의 전통적 특징을 3가지 넓은 범주, 대인 관계, 정서, 행동/생활양식에서 기술하였다. 대인 관계상으로 사이코패스는 과장되고 이기적이며 교묘하고 지배적이며 강력하고 착취적이며 냉담하다. 정서적으로 그들은 피상적이고 불안정한 감정을 드러내며, 사람들, 원칙, 목표 등과 지속적인 유대 관계를 형성하지 못하고 공감, 죄의식, 그리고 양심의 가책이 결여되어 있다. 그들의 생활양식은 충동적이고 불안정하며 감각을 추구한다. 그들은 노골적이거나 암묵적으로 쉽게 사회 규범을 위반하고 사회적 의무와 책임을 이행하지 않는다.

Cleckley(1976)는, "사이코패스는 일반인처럼 말하는 법을 배울 수 있고, 타인의 감정을 토대로 마치 팬터마임을 하는 것처럼 적절하게 정서를 재현해내는 법을 배울 수 있다. 그러나 감정 그 자체를 느끼지는 못한다."고 이야기했다.

반사회적 인질범과는 어떤 형태의 신뢰 관계 형성도 포기해야 한다. 스톡홀름 신드롬도 잊어버려라. 반사회적 인질범에게 인질은 협상을 할 때 자신의 목적을 달성하고 탈출하는 데 필요한 칩에 불과하다. 그는 인질이나 그의 안전에 대해 전혀 개의치 않고 그의 불안에 대해 공감하려는 당신의 노력에 의아해할 것이다. 왜냐하면 그는 불안감이라는 것은 애초에 가지고 있지 않기 때문이다.

만약 협상가가 인질들의 목숨을 살려주는 것이 당신의 목적을 가장 잘 달성할 수 있는 방법이라는 것을 확신하게 만들 수 있다면, 아이러니하게도 반사회적 인질범의 냉혈함이 협상을 실제로 용이하게 하는 역할을 할 수 있다. 상대의 마음을 얻기 위한 공감하기 등은 잊어버려라. 이런 형태의 협상에서 협상가는 말 그대로 협상을 하는 것이다. 인질범에게 이익이 되는 것에 호소하라. 예를 들어, 인질을 몇 명 내보내게 되면 인질범의 부담을 줄이고, 그가 원하는 것을 반대급부로 얻을 수 있으며, 선의를 보여 주는 것이 후에 형량을 감경시켜 줄 수도 있고, 극단적인 행동을 취함으로써 특공대가 진입할 수 있는 빌미를 줄 수도 있음을 일깨워준다.

다른 어떤 형태의 인질범을 대할 때보다 반사회적 인질범을 대할 때 가장 중요한 요소는 대상자를 속이지 않는 것이다. 반사회적 성격자들은 다른 사람을 속이거나 괴롭히는 데서 스릴을 느끼고 동시에 남들이 자신을 속이려는 것에 대해서 굉장히 민감하다. 만약 이들이 협상가가 자신을 속이거나 기만하려 한다고 생각하게 되면 이에 대해 신경질적으로 반응할 가능성이 크다. 당신이 실제로 해 줄 수 있는 것만을 약속하라.

협상가의 목소리는 단호하면서도 이성적이고 감정적인 접근보다는 문제 해결 중심의 접근 방법이 더 효과적일 것이다. 사이코패스들은 스릴과 권력을 추구하는 경향이 강하기 때문에 모든 것을 순화시키는 것이 좋다. 이와 동시에 일을 너무 지연시키지도 말아야 하는데 그렇게 되면 사이코패스는 아드레날린 비율을 높이기 위해 무언가 자극적인 일을 벌이고 싶어 할 수 있다. 반사회적 인질범들은 대개 실용적인 목표를 가지고 있지만 종종 순수한 복수를 주된 동기로 하기도 한다. 인질범의 주의를 인질에게서 멀게 하기 위해 인질범을 바쁘게 만들어라. 가능한 한 직접적으로 말하고 그가 말하는 어떤 것도 액면가 그대로 받아들여서는 안 된다는 것을 명심해야 한다.

다시 한 번 강조하지만 반사회적 인질범이 아이러니하게도 인질과 감정적으로 연관될 가능성이 가장 적기 때문에 인질의 생명을 살려 줄 가능성이 가장 크다. 그러나 반사회적 인질범은 인간적 유대가 낮기 때문에 인질을 죽이는 것이 자신의 결심과 힘을 보여 주는 것이라고 믿으면 눈 깜짝할 사이에 많은 인질을 무참히 죽여 버릴 수도 있다(Slatkin, 2005).

09 사우나에서 냉탕으로 - 경계선 성격 장애

　손민환(가명, 35세)은 인터넷 채팅으로 만난 이주희(가명, 18세) 집으로 향했다. 시간은 새벽 2시. 모두가 곤히 잠든 시간이었지만 손민환은 몇 시간째 분노에 몸을 떨다가 결국 화를 참지 못하고 이주희의 집으로 달려갔다. 민환은 주희에게 전화를 걸어 집 앞으로 나와 잠깐만 이야기하자고 했다. 주희는 계속해서 이제 더 이상 만나고 싶지 않으니 돌아가라고 했다. 민환은 그럼 헤어지기 전에 마지막으로 한 번만 만나 주면 돌아가겠다고 했다. 주희는 할 수 없이 주섬주섬 옷을 챙겨 입고 밖으로 나갔다. 어두운 가로등 불빛 아래 서 있는 민환의 실루엣이 보였다. 주희는 입을 앙다물고 새초롬한 표정으로 민환 앞으로 다가갔다. 최대한 빨리 대화를 끝내고 집으로 들어가야지... 그런데 민환의 손에는 무슨 물통같은 것이 들려 있었다. 민환은 주희가 다가가자 물통 뚜껑을 열더니 갑자기 무언가를 주희에게 뿌려대기 시작했다. 신나였다. 주희는 깜짝 놀라 '이게 뭐하는 거냐!'며 피하려 했지만 민환은 어느새 라이터를 꺼내어 주희에게 불을 붙였다. 불길은 삽시간에 주희의 온 몸을 뒤덮었고 주희는 비명을 지르며 바닥을 뒹굴기 시작했다.

　경계선 성격장애자들은 냉탕과 온탕을 수시로 왔다 갔다 하는 사람들이라고 볼 수 있다. 이들은 대인관계에 있어서 충동적이고 변덕이 심하다. 친구에 대해 칭찬을 계속 늘어놓고 사랑한다고 하다가도 무언가를 거절할 기미가 보이면 가차없이 돌변한다. 언제 그랬냐는 듯 친구에 대한 비방을 서슴치 않는다. 이들은 자기애성 성격장애자들처럼 처음에는 좋은 첫인상으로 상대를 유인하지만 자신이 버림받을 것 같은 기미를 보이면 상대를 극도로 증오하고 자해소동을 벌이기도 한다. 경계선 성격 장애는 대인 관계의 불안정성, 깨지기 쉬운 자아 이미지, 감정의 급변, 복수적 분노, 자기 파괴적 충동성 등의 패턴을 보인다 (APA, 2000).

경계선이라는 단어는 신경증과 정신증의 '경계'를 언급한 것이다. 경계선 장애를 인격 장애로 생각하게 된 것은 최근의 일이다. 물론 이론적으로는 10년 전부터 논의되어 온 것이지만 일반화가 된 것은 1980년 전후이다. 그 이전에는 신경증으로도 정신병으로도 말할 수 없는 일군의 환자로서 이해되었다.

경계선 성격 장애자들은 지나친 이상화(Idealization)와 친구, 가족, 직장 동료에 대한 평가 절하 사이를 왔다 갔다 하면서 변덕스럽고 강렬한 인간관계의 패턴을 평생 동안 나타낸다. 감정적 불안정성의 징후들로는 부적절하게 격한 분노와 우울 증세, 자살 충동성 등이 있다. 자아 이미지의 혼란, 불분명한 대인 관계와 범주, 공사 목표와 가치들에 대한 혼동, 그리고 약물 남용이나 폭력적 상황 촉발 등 지속적인 자아 정체성 파괴의 모습을 보인다. 경계선 장애를 가진 사람들은 스트레스를 받았을 때 지엽적인 것들에 집착하는 것을 빼면 보통 사람들의 눈에는 일상생활에 전혀 지장이 없는 – 어찌 보면 다른 사람들보다 더 탁월한– 것으로 보일 수 있다.

경계선 장애를 가진 인질범은 헤어진 가족 구성원이나 해고된 직장 동료처럼 옛집이나 그 전 직장으로 배신에 대한 앙갚음을 하기 위해 찾아오는 경우들처럼 기본적으로 관계에 관한 문제(Relationship-based)

로 인해 발생할 가능성이 크다. 경계선 장애를 가진 인질범이 자신의 원한이나 복수심의 대상이 되는 사람들을 인질로 잡은 경우 본인들이 생각할 때는 정당한 분노의 표현이 가장 핵심적인 감정이기 때문에 이성적인 설득이나 공감이 효력을 발휘하기 어렵다. 이런 경우 인질범은 어떠한 요구 사항도 없고 그저 인질이 고통 받기만을 원할 수도 있으며, 어떤 경우에는 예전 동료로부터 앞으로는 절대 배신하지 않겠다는 맹세를 하라든가, 자신에게 잘못 대해 주었던 모든 회사 간부들의 공식적인 사과 등 매우 구체적인 요구를 할 수도 있다.

경계선 장애인은 이렇듯 어떤 때는 멀쩡한 사람처럼 굉장히 이성적인 것 같다가도 어떤 때는 매우 비이성적인 증상을 보인다. '경계선 장애'라는 이름이 붙여지게 된 것도 대상자가 정상적인 상태와 불합리한 상태 사이의 매우 가는 경계를 왔다 갔다 하기 때문이다.

경계선 장애를 가진 인질범을 상대할 때는 '관계'라는 요소를 잘 이용해야 한다. 적극적 청취 기법의 적절한 활용은 안 좋은 감정들을 발산시키고 신뢰 관계를 형성하는 데 도움을 줄 것이다. 대상자를 안심시켜 주고 공감과 지지, 관계의 틀을 제공함으로써 협상가가 대상자의 편에 서 있음을 보여 주도록 한다.

흥미롭게도 많은 경계선 장애를 가진 사람들이 끈끈한 인간관계에 너무 목말라 있기 때문에 신뢰 관계 형성적 접근 방법에 비정상적으로 쉽게 넘어올 수 있다. 그러나 그들의 감정들이 지나치게 휘발적이고 눈 깜짝할 사이에 변할 수 있다는 것을 항상 명심해야 하는데, 그들이 협상가와 마음이 통한다고 여기면 협상가를 전적으로 믿고 좋아하지만 조금이라도 거부되거나 속임을 당하거나 경멸을 받는다고 생각하게 되면 똑같은 열정으로 당신을 뼛속 깊이 미워할 것이다. 협상이 오랫동안 지속된다면 대상자는 이런 극단적인 감정들 사이를 몇 번이고 왔다 갔다 할 것이다. 대상자가 협상가를 극도로 미워하고 거부할 경우에는 협상가를 바꾸는 것 말고는 달리 방법이 없을 때도 있다.

비슷한 이유에서 위기 상황 동안에 스톡홀름 신드롬과 유사한 관계를 조장하는 것은 조심해야 한다. 특히 가정 폭력이나 직장에서의 위기 상황에서 더욱 그러한데, 경계선 장애를 가진 인질범들은 이미 인질들과 지나치게 고조된 감정적 관계를 가지고 있을 가능성이 크기 때문에 인질과 범인 사이에 강한 감정적 연관을 갖게 하면 감정이 폭발하여 극단적인 행동을 취할 가능성이 커지게 된다. 그렇지 않아도 위기 상황에 투입된 협상가는 기본적으로 인질과의 관계로부터 관심을 돌려 협상가와의 관계에 집중하도록 하고 상황을 안전하게 종료시키는 데 관심을 갖도록 해야 한다.

인질범이 충동적 행동을 보이려고 하면 다른 쪽으로 조심스럽게 유도하거나 대상자의 고통이나 분노의 원인에 초점을 맞춘다. 다른 형태의 대상자들과 마찬가지로 되도록 말을 많이 하도록 유도해야 하지만 감정 배출이 지나쳐서 감정이 제멋대로 토해져 나오거나 통제를 상실하는 수준에 이르지 않도록 주의해야 한다. 경계선 장애 인질범은 가족이나 제3중재자의 투입으로 감정에 불을 붙일 가능성이 크기 때문에 특히 주의해야 한다(Miller, 2007).